Die

Württembergische Schwarzwaldbahn

Königliche Post

Rebhuhnweg 2/1
75365 Calw
www.schmidmusic.de

Autoren des Buches der Ausgabe anno 1872:
Dr. Emil Schüz und Eduard Friedrich Hochstetter
Buchtitel: Die Württembergische Schwarzwaldbahn
von Stuttgart bis Nagold

Herausgegeben 2021 von schmidmusic. Ein Ed Chaleva Project.

Der Text der Bahn-Reisebeschreibung von 1872 wurde im Original übernommen, in der Ausgabe 2021 mit Bildern versehen sowie um weitere Texte ergänzt:
Hans-Juergen Schmid
Covergestaltung: Ed Chaleva

Paperback ISBN: 978-3-948822-20-0
Hardcover ISBN: 978-3-948822-21-7
e-Book ISBN: 978-3-948822-22-4

Bibliografische Information der Deutschen Nationalbibliothek:

Die Deutsche Nationalbibliothek verzeichnet diese Publikation in der Deutschen Nationalbibliografie; detaillierte bibliografische Daten sind im Internet über http://dnb.d-nb.de abrufbar.

Reisen vor der Bahn

Eil-Wagen [illegible]

Reise-Schein

von Nagold nach Stuttgart

Einschreib-Nummer 1

Geht ab präcis um 12 Uhr Mittags den 22ten Febr 1851.

Der Passagier Herr Roller hat bezahlt für einen Platz

für seine Person . . . . 2 fl. 6 kr.

für Pfund Uebergewicht . . fl. kr.

im Ganzen fl. kr.

, den ten 185

Königl. Württ. Expedition fahrender Posten.

Unterzeichnet: [illegible]

Beachtenswerthe Notiz für das Reisende Publikum.

Die Conducteurs der diesseitigen Postverwaltung sind, zur Verhütung von Gefahren und Unfällen, strenge angewiesen, an Abhängen, wo zur Sicherheit der Reisenden gehemmt werden muß, den Radschuh selbst ein- und anzulegen und den Postillon nicht von seinen Pferden sich entfernen zu lassen. Nur dann darf ausnahmsweise dieses Geschäft von dem Postillon verrichtet werden, wenn bei besonders kothiger Straße solches vom Conducteur nicht, ohne Belästigung der neben ihm sitzenden Reisenden, geschehen kann. In diesem Falle ist er jedoch gehalten, sich an das Sattelpferd zu begeben und dort so lange zu bleiben, bis der Postillon wieder im Sattel ist. Wiederholte Anzeigen über die Nichtbefolgung dieser Anordnung von Seite der Conducteurs, veranlassen die Post-Administration jeden Post-Reisenden

Entfernungs- und Geschwindigkeitsangaben im Jahr 1870

Die im Text vorkommende

Entfernungsbezeichnung

„Stunde“

stellt ein Längenmaß dar:

Eine Reisestunde entsprach einer Poststunde.

1 Poststunde = 12703 Fuß, das waren 3,70 km pro Stunde

Fußgänger ca. 4 km pro Stunde

Postkutsche ca. 10 km pro Stunde

Reitpferd ca. 24 km in der Stunde

Dampf Eisenbahn ca. 40 - 50 km pro Stunde

Das Zeichen ' ist die Abkürzung für „Fuß“

Bildnachweise:

Werner Kopp Althengstett

Stadtarchiv Calw

Bayrische Staatsbibliothek

Münchner Digitalisierungs-Zentrum

Württembergische Landesbibliothek

Die

Württembergische Schwarzwaldbahn

Bahn Reiseführer über die Württembergische Schwarzwaldbahn von (Stuttgart) Zuffenhausen über Weil der Stadt und Calw bis Nagold.

Die Autoren

Eduard Friedrich Hochstetter
*19.03.1823 †09.02.1902
war von 1868 bis 1879 Pfarrer in Althengstett

Dr. Georg Emil Carl Schüz
*12.08.1828 Calw †06.04.1877 Calw
Arzt und Botaniker in Calw

schrieben zusammen den ersten Bahn Reiseführer über die Württembergische Schwarzwaldbahn von (Stuttgart) Zuffenhausen bis Nagold. Beschrieben werden die an der Bahnlinie liegenden Orte mit einem kleinen Blick in deren Geschichte.

Die hier vorliegende Ausgabe wurde ergänzt mit Bildern und weiteren Texten zum 150. Jubiläum der 1872 gebauten Bahn.

Pfarrer Eduard Friedrich Hochstetter

Dr. Georg Emil Carl Schüz

Der wieder eröffnete Abschnitt Calw - Weil der Stadt trägt den Namen Hermann Hesse Bahn.

Bevor die Eisenbahn da war…

Aus dem Inhalt

Wir fahren von Stuttgart auf der Hauptbahn durch den Pragtunnel nach Feuerbach. Hier sollte nach dem ursprünglichen Plan die Schwarzwaldbahn abzweigen.

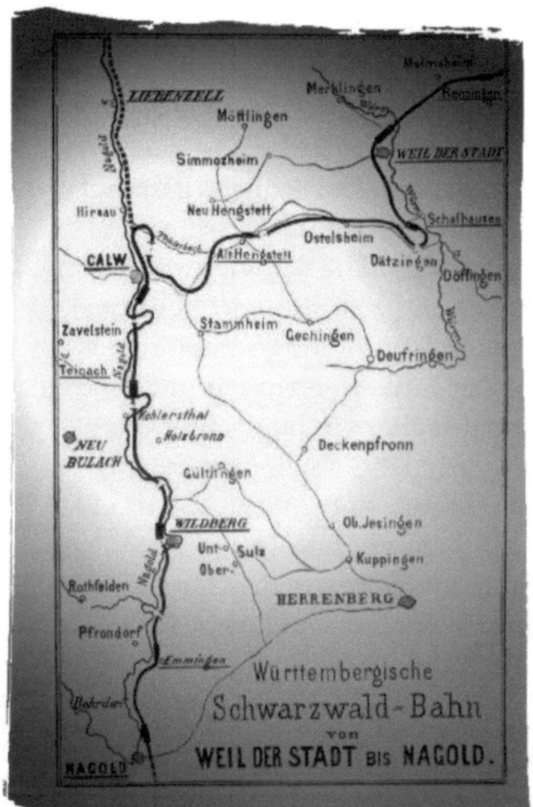

Mehrfache Gründe entschieden aber dafür, die Schwarzwaldbahn erst auf der nächsten Station in Zuffenhausen abzweigen zu lassen. Und so fahren wir noch die kurze Strecke bis Zuffenhausen auf der Hauptbahn. Hier beginnt die eigentliche Schwarzwaldbahn. Sie zerfällt in drei Abschnitte:

1. **Zuffenhausen bis Weil der Stadt.** Die Bahn durch das Strohgäu, 7 Stunden.

2. **Weil der Stadt bis Calw.** Übergang vom Gäu zum Schwarzwald, 6 Stunden.

3. **Calw bis Nagold.** Die Bahn im Schwarzwald durch das Nagoldtal, 5 Stunden.

1. Die Bahn von Zuffenhausen bis Weil der Stadt.

(7 Stunden)

Die Bahn führt durch das Strohgäu, eine ebene fruchtbare Gegend im Gebiet der Lettenkohle und des Muschelkalkes. Zur Linken bewaldete Hügelketten, die nördlichen Ausläufer des Schönbuch. Die meisten Kunstbauten sind zwischen Ditzingen und Leonberg, im Glemstal. Die Strecke von Zuffenhausen bis Ditzingen wurde 23. September 1868 eröffnet, die weitere Strecke bis Weil der Stadt am 4. Dezember 1869. Stationen: Zuffenhausen, Korntal, Ditzingen, Leonberg, Renningen, Weil der Stadt, alle zum Oberamt Leonberg gehörig, ausgenommen Zuffenhausen gehörte zu Oberamt Ludwigsburg.

Station Zuffenhausen

Der sehr gefällige Bahnhof steht zwischen der Hauptbahn und der Schwarzwaldbahn und bildet eine sogenannte Inselstation. Er wurde bei Anlegung der Schwarzwaldbahn neu gebaut. Der frühere Bahnhof Zuffenhausen steht weiter gegen Ludwigsburg und wird jetzt als Bediensteten Wohnung benützt. Die Schwarzwaldbahn führt auf der westlichen Seite des Bahnhofs (von Stuttgart her links) vorüber, macht dann gleich einen weiten Bogen und mündet in das nach Korntal führende Seitental ein. Zur Linken sehen wir auf waldiger Anhöhe die Schlotwiese. Hier stand früher ein Jagdschlösschen und eine Försterwohnung. Ersteres wurde 1818 abgebrochen. Aus der Försterwohnung wurde eine Kleinkinder Rettungsanstalt der Gemeinde Korntal von 1828 bis 1846. Als diese nach Korntal verlegt wurde, kauften die Fabrikanten Schüle und Schrade die Gebäude und Güter und errichteten eine Baumwollesamt- und Manchester-Fabrik.

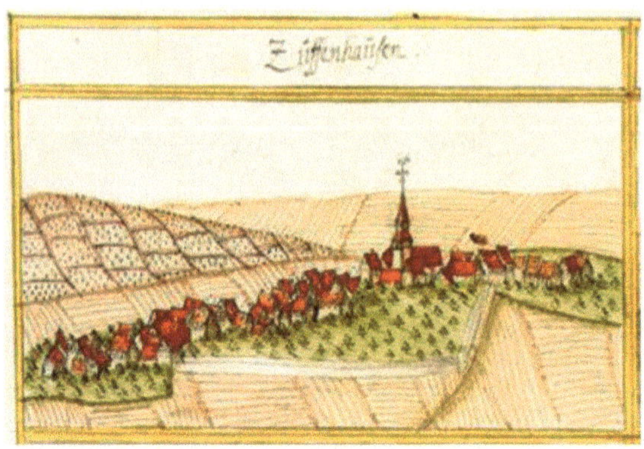

Ferner haben wir zur Linken die Schwieberdinger Straße und fahren bald unter derselben durch. Zwischen Wald auf der linken und Feld auf der rechten Seite steigt die Bahn bis zur Station Korntal. Kurz vor dieser durchschneiden wir die bekannte Allee, welche von der Solitude herab schnurgerade nach Ludwigsburg führt und von Herzog Karl angelegt wurde. Diese Allee wurde als Basis zur Landesvermessung gewählt und 1820 unter Professor Bohnenberger mit größter Genauigkeit gemessen. Der Mittelpunkt des Schlosses Solitude ist der Anfang der ganzen Vermessung des Landes.

Station Korntal,

zwischen Korntal und Weil dem Dorf. Korntal, evangelisches Pfarrdorf mit 1245 Einwohnern, war früher ein ritterschaftlicher Hof, seit 1819 eine Gemeinde, gegründet von Bürgermeister Hoffmann in Leonberg mit eigener Kirchenordnung, Disziplin, Liturgie und Gebräuchen.

Die Gemeinde ist von der Aufsicht des K. Konsistoriums befreit, ihre religiöse Verfassung steht aber unter der Oberaufsicht des K. Ministeriums des Kirchen- und Schulwesens. Als im Jahre 1816 viele evangelische Familien teils wegen des neuen Kirchenbuches und neuen Gesangbuches, teils getrieben von der Teuerungsnot nach Südrußland auswanderten, erließ die K. Regierung am 24. Februar 1817 ein Ausschreiben an die obrigkeitlichen Stellen im Lande, worin diese angewiesen wurden, die Auswanderer vor der Gefahr zu warnen, in welche sie sich durch unüberlegte Auswanderung bringen.

Dies gab dem Bürgermeister Hoffmann den Anlass, der kaiserlichen Regierung vorzustellen es könnte ein großer und vermöglicher Teil der Auswanderer, welche sich nicht zur Annahme des neuen Kirchenbuches entschließen konnten, von ihren Vorsätzen abgehalten werden, wenn ihnen die Anlegung eigener Gemeinden im Königreich gestattet würde, wie solche der Brüdergemeinde in Königsfeld vor wenigen Jahren, zurzeit als solches noch zu Württemberg gehörte, zugestanden wurde. Zugleich erklärte sich Hoffmann bereit, wenn man auf diesen Vorschlag eingehe, näher den Plan solcher Gemeindegründung und die Namen derer, welche sich dadurch zurückhalten ließen, anzugeben. Hoffmann erhielt bald darauf die Weisung, seinen Plan näher zu entwickeln. Es dauerte aber noch 18 Monate, bis nach mehrfachen Verhandlungen am 1. Oktober 1818 die definitive Genehmigung zur Anlegung von Gemeinden erfolgte. Nun handelte es sich um den geeigneten Ort zur Anlegung der ersten Gemeinde. Mehrere Versuche schlugen fehl.

Da wurde das Rittergut Korntal von dem Grafen von Görlitz zum Kaufe angeboten mit der Erklärung: Es kostet mich großen Kampf, eine Besitzung hinzugeben, an welche mich die wertesten Erinnerungen des Lebens knüpfen. Aber Ihre Zwecke sind gut, darum hoffe ich auch, es wird der Segen darauf ruhen. So wurde denn 1819 das Rittergut dem Grafen von Görlitz und dem Freiherrn von Münchingen um 115.000 Gulden abgekauft. Anfangs waren es 68 Familien. Am 9. Juli 1819 wurde der Grundstein zum jetzigen Betsaal gelegt, welcher in der Mitte des etwa 150 Gebäude zählenden Dorfes steht. Der Einweihung am 7. November 1819 wohnten gegen 8000 Menschen bei. Im Jahre 1869 fand die 50jährige Feier der Gründung der Gemeinde statt. In der Gemeinde bestehen eine Knabenanstalt unter Inspektor Pfleiderer mit einer humanistischen und realistischen Abteilung, eine Töchteranstalt unter der Leitung des Geistlichen (Pfr. Staudt), zwei Kinderrettungs-Anstalten für größere und kleinere Kinder und ein Witwenhaus.

Gleich nach der Station Korntal sehen wir links den Ort, Weil dem Dorf. Zugleich öffnet sich die Aussicht auf die Solitude und auf die Hügelkette der Solitude, welche sich bis zum Engelberg bei Leonberg hinzieht und der Keuper Formation angehört. Herzog Karl erbaute das Lustschloss Solitude 1763-67 im Rokokostil. Eine mit Schiefer gedeckte Kuppel erhebt sich über dem Mittelbau, welchem sich

zwei Flügel anschließen. Hier legte Herzog Karl 1770 den Grund zu der berühmten Karls-Akademie, aus welcher so mancher bedeutende Mann wie z.B. Friedrich Schiller hervor ging. 1776 verlegte er sie nach Stuttgart. Am Fuße der Hügelkette liegt der Berkheimer Hof und das ansehnliche Pfarrdorf **Gerlingen**. Die Wasser, welche die Hügelkette entsendet, sammeln sich zum Lauterbach, welcher zwischen Korntal und Ditzingen von der Bahn überschritten wird und weiterhin in die Glems mündet.

Station Ditzingen

Evangelisches Pfarrdorf mit 1360 Einwohnern, ein sehr alter Ort, kommt schon im Jahre 769 vor. Vor der Reformation war der Ort kirchlich in zwei Teile geteilt. Der größere, auf dem rechten Ufer der Glems gelegene Teil, gehörte zum Bistum Konstanz, der kleinere Teil auf dem linken Ufer zum Bistum Speyer. Die Glems bildete also die Grenze zwischen beiden Bistümern.

Jeder Teil hatte seine eigene Kirche, welche beide noch stehen und noch die Konstanzer und Speyrer Kirche heißen. Beide sind gotisch und stammen aus dem 15. Jahrhundert. Die Konstanzer Kirche, von der Bahn aus die nähere, mit schönem Chor, wird als Pfarrkirche gebraucht. Im Chor stehen sehr alte sehenswerte Schnitzarbeiten aus hartem Holz. Auch Glasmalereien und einige schöne Grabsteine sind beachtenswert. Der schlanke viereckige Turm hat ein sehr spitziges Zeltdach, 1871 neu mit Schiefer bedeckt. Die Speyrer Kirche liegt auf dem Gottesacker am nördlichen Ende des Dorfs, ist kleiner als die Pfarrkirche, aber architektonisch merkwürdiger, besonders durch ihr Gewölbe. Der Turm steht zwischen dem Chor und Langhause. An der Straße nach Münchingen liegt das Schloss, der Familie von Münchingen gehörig. An derselben Straße befindet sich unter der Pfarrhaustüre in der Mauer eine eiserne Tafel zwischen Tannen, zum Gedenken der 1870 gefallenen Soldaten von Ditzingen. In

Ditzingen wurde 16. Dezember 1786 geboren Konrad Kocher, Stiftsorganist in Stuttgart, † 12. März 1872, berühmter Kenner der Kirchenmusik und Liederkomponist.

Von Ditzingen beginnt der Teil der Bahnstrecke, welcher für den Bau mehr Schwierigkeiten bot und jetzt durch die Kunstbauten, sowie durch die Gegend die Aufmerksamkeit auf sich zieht. Die Bahn führt von hier durch das Glemstal und steigt bis Leonberg, etwa 2 Stunden weit. Auffüllungen und Einschnitte wechseln miteinander. Die erste Brücke über die Glems, 55′ hoch über der Talsohle, führt auf das linke oder nördliche Ufer der Glems.

Besonders schön ist die Fahrt bei **Höfingen**, links unten das stille Glemstal, in welchem einige Mühlen liegen, rechts oben auf dem Berge, welchem die Bahnlinie abgerungen ist, der Ort Höfingen mit dem alten Schloss, eine Schleglerburg, welche Graf Eberhard der Milde 1395 zerstörte, nachdem er die Schlegler bei Heimsheim gefangen genommen. Hans Truchsess von Höfingen gehörte auch zu den Schleglern, daher Eberhard von Heimsheim aus alsbald auf die Burg Höfingen losging. Jetzt ist das Gebäude nebst Gütern im Besitze des Freiherrn von Varnbüler. Der viereckige mit Schießscharten versehene Turm der Pfarrkirche trägt ein hohes Zeltdach.
Nach einem Einschnitt von 80' Tiefe überschreitet die Bahn die Straße nach Rutesheim auf schiefer eiserner Blechbalkenbrücke, worauf die zweite Glemsbrücke mit 50' Höhe folgt. Zur Linken erscheint mehrmals der Engelberg (484 m) mit seinem Turme und verschwindet wieder.
Derselbe zeigt uns die Richtung von Leonberg an. Diese Stadt selbst wird zuerst von der Nordseite sichtbar, verschwindet für kurze Zeit und zeigt sich dann etwas näher von der Westseite. Hauptsächlich treten hier die Kirche und das alte Schloss hervor. Bald darauf kommen wir zur Station Leonberg.

Station Leonberg,

10 Minuten von der Stadt entfernt. Leonberg, evangelische Oberamtsstadt mit 2061 Einwohnern.
Die Kirche mit hohem Mittelschiff und zwei Seitenschiffen stammt aus der Übergangszeit vom romanischen zum gotischen Stil. In derselben geschah am 15. September 1649 eine wunderbare Heilung an einem 26-jährigen Mädchen, deren Füße neun Jahre lang zusammengebogen waren, so dass sie an Krücken gehen musste. Als sie einer Predigt über den barmherzigen Samariter zugehört hatte, bei welcher gerade auch Herzog Eberhard III. anwesend war, konnte sie plötzlich wieder auf ihre Füße stehen, stellte ihre Krücken weg und wurde unter dem Lobe Gottes vom Geistlichen in die Mitte der Kirche geführt. Auf des Herzogs Befehl wurde acht Tage nachher eine Dankpredigt gehalten.

Das Schloss, in welchem jetzt das Oberamtsgericht und Kameralamt ist, wurde von Herzog Christoph fast ganz neu erbaut. Im früheren Schloss starb am 1. September 1480 Graf Ulrich, der Vielgeliebte.

Das jetzige Schloss diente als Witwensitz für die Witwe des Herzogs Friedrich, später für die Witwe des Herzogs Administrator, Julius Friedrich.

Im 30jährigen Kriege wurde in diesem Schloss die Übergabe der Stadt Augsburg an den kaiserlichen General Gallas, 13. März 1635, unterzeichnet. Dieser sogenannte Leonberger Akkord war für Augsburg die Quelle unzähliger Leiden. Für Württemberg hat Leonberg noch besondere Bedeutung durch den ersten Landtag, welcher hier 1457 im Vormundschaftsstreit zwischen Graf Ulrich, dem Vielgeliebten, und dem Pfalzgrafen Friedrich gehalten wurde.

Das Diakonathaus ist die Wiege dreier ausgezeichneter Gelehrten, deren Väter als Diakone unmittelbar aufeinander folgten: Professor und Kirchenrat Paulus in Heidelberg, geboren 1761; der Philosoph Schelling, geboren 1775, und der durch naturwissenschaftliche Kenntnisse ausgezeichnete, früh verstorbene Professor Hochstetter in Bern, geboren 1781. Auch dürfen wir des Mannes nicht vergessen, der einen Teil seiner Jugend hier zubrachte und die lateinische Schule besuchte, Johannes Kepler, geboren 1571 in Weil der Stadt.

Die Station Leonberg wird von der Glems in einem Bogen umflossen; die Bahnlinie bildet die Sehne des Bogens. Wir kommen daher gleich nach der Station wieder über eine Glemsbrücke. Dann verlässt die Bahn das Glemstal und folgt eine Strecke weit dem Wasserbach, welcher von Rutesheim her der Glems zufließt. Auch hier haben wir einen bewaldeten Hügelzug der Keuper Formation zur Linken, einen nördlichen Ausläufer des Schönbuchs. Am Fuße desselben liegt das große Dorf **Eltingen**, Geburtsort von Keplers Mutter. Der Zug endet mit der Maisenburg, von welcher noch Graben, Wall und ein Gewölbe vorhanden sind. Die Bahnlinie, welche fortwährend steigt, erreicht bei Renningen die Wasserscheide von Glems und Würm.

Station Renningen,

halbe Viertelstunde vom Orte entfernt, 1424' (408 m.) über dem Meere. Renningen, evangelisches Pfarrdorf mit 1860 Einwohnern. Dem alten viereckigen Turm wurde 1835 ein achteckiges Stockwerk in gotischem Stile aufgesetzt. Auf demselben erhebt sich ein hohes Zeltdach mit Blech bedeckt. Nordöstlich vom Orte werden feinkörnige Keuperwerksteine gebrochen, welche sehr gesucht sind und in der ganzen Umgegend zum Bauen verwendet werden. Südwestlich liegt jenseits des Bergrückens der Ihinger Hof, der Familie von Vischer gehörig.

Von Renningen fällt die Bahn eine Stunde lang bis zur Würmbrücke. Zuerst führen drei kleinere Brücken über den Rankbach, welcher durch das rechts neben der Bahn liegende Dorf **Malmsheim** fließt und in die Würm mündet.

Der Malmsheimer Einschnitt, zwischen dessen 90' hohen senkrechten Wandungen wir jetzt durchfahren, machte seiner Zeit viel Arbeit. Es folgen noch zwei kleinere Einschnitte und wir kommen zu der Würmbrücke mit zwei Öffnungen von je 120' Lichtweite, in eisernem Fachwerk. Dann steigt die Bahn noch eine kurze Strecke bis zur Station Weil der Stadt, 1404' (402 m) über dem Meere.

Wir haben zur Linken die Stadt, Weil der Stadt, zur Rechten das ansehnliche evangelische Dorf Merklingen mit 1332 Einwohnern, wo bis zum Jahre 1806 ein Kloster Oberamt war mit den Orten Simmozheim, Hausen, Gechingen, Alt - und Neuhengstett.

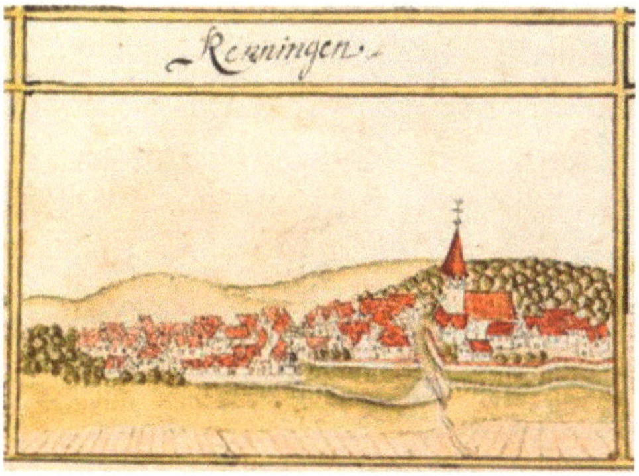

Renningen 1683/1685 im Kieserschen Forstlagerbuch

Station Weil der Stadt,

gewöhnlich Weilerstadt ausgesprochen. Der Name wird auch Weil die Stadt geschrieben, was aber unrichtig ist, er ist entstanden aus: z' Weil der Stadt. Weil der Stadt, katholische Stadt mit 1824 Einwohnern, war früher freie Reichsstadt und kam 1803 an Württemberg. Sie trägt noch durch ihre Mauern und Türme das Gepräge einer alten, befestigten Stadt; in ihrer Mitte ragt die hochgelegene ansehnliche Peter- und Paul-Kirche mit drei Türmen hervor. Es lohnt sich, die Stadt nicht bloß vom Bahnhof aus zu sehen, sondern auch in dieselbe einzutreten.

Die Hauptstraße führt uns bald auf den Marktplatz. Hier steht das Denkmal des Astronomen Johannes Kepler. Enthüllt wurde es am Johannisfeiertag, 24. Juni 1870. Kepler aus Erz gegossen in sitzender Stellung, hat den Blick gen Himmel gerichtet der linke Arm ruht auf einem Himmelsglobus die Hand hält ein Pergament der rechte Arm liegt auf dem rechten Fuß und hält mit der Hand einen geöffneten Zirkel.

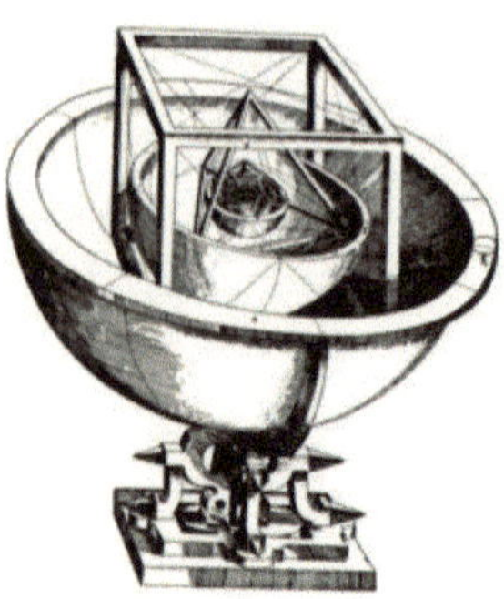

Der Unterbau aus feinem Sandstein hat vier Nischen, in welchen fast lebensgroß vier Statuen stehen: die beiden Astronomen, Kopernikus in der Tracht eines Domherrn und Tycho de Brahe in spanischer Tracht; ferner der Professor der Mathematik in Tübingen, Mästlin, der Lehrer Keplers, und der Mechaniker Jobst Byrg, von welchem Kepler seine Instrumente hatte. Unten sind zwischen den Pfeilern vier Reliefs angebracht: vorne Urania, die Muse der Sternkunde, durch den Himmel fliegend, Überschrift: Astronomia. Auf der Seite gegen das Rathaus: Kepler im Hörsaal von seinem Lehrer Mästlin eingeführt : Physika. Hinten: Kepler in der Werkstatt seines Freundes

Byrg, durch ein Fernrohr schauend: Optica. Auf der Seite gegen den Löwenbrunnen: Kepler im Arbeitszimmer zu Prag von Kaiser Rudolph II. besucht: Mathematica. Das Denkmal wurde von Direktor A. v. Kreling in Nürnberg entworfen und modelliert und in der Erzgießerei der Gebrüder Lenz-Heroldt daselbst gegossen. Der Entwurf des Unterbaues ist von Oberbaurat v. Egle.

In der Nähe des Keplerdenkmals sehen wir das Keplerhaus, in welchem Johannes Kepler am 27. Dezember 1571 geboren wurde. Wenigstens spricht die größere Wahrscheinlichkeit für Weil der Stadt und nicht für den benachbarten Ort **Magstadt**. Dagegen mag er in Magstadt getauft worden sein, da seine Eltern protestantisch waren und in Weil der Stadt keine protestantische Kirche sich befand. In Keplers viertem Lebensjahr zogen seine Eltern nach Leonberg, wo er die Schule besuchte.

Die drei berühmten Keplerschen Gesetze betreffen den Umlauf der Planeten um die Sonne. Das Grundgesetz, das er zuerst fand, ist: alle Planeten bewegen sich nicht in Kreisen um die Sonne, sondern in Ellipsen (länglich runden Bahnen), in deren einem Brennpunkte die Sonne steht, die beiden andern Gesetze bestimmen diese Bahnen noch genauer. Seine mathematischen und astronomischen Schriften sind neuestens in 8 Bänden von Dr. Frisch herausgegeben worden.

Er starb nach einem wechselvollen Leben, 59 Jahre alt, 15. November 1630 zu Regensburg, wohin er eine Reise gemacht hatte, um dem versammelten Reichstag seine Bitte um Ausbezahlung seines längst verdienten Gehaltes vorzutragen.

Weil der Stadt ist ferner der Geburtsort unseres württembergischen Reformators Johannes Brenz, geboren 24. Juni 1499, als der Sohn des damaligen Bürgermeisters. Er studierte in Heidelberg die Theologie, hörte dort 1518 die Disputation Luthers über die „Rechtfertigung aus Gnaden" und wurde darauf mit Luther persönlich bekannt. Als Prediger nach Schwäbisch Hall berufen, führte er dort die Reformation ein; wurde von Herzog Ulrich zur Reformation der Universität Tübingen beigezogen und zuletzt von Herzog Christoph an die Spitze der württembergischen Kirche gestellt, um das angefangene Werk der Reformation zu vollenden. Wie er oft wunderbar den Händen seiner Feinde entgangen, ist bekannt. Er starb als Stiftsprediger in Stuttgart 1570. Sein Geburtshaus, in der Nähe der Spitalkirche ist neuerdings von dem Brenz-Comité angekauft worden, um dasselbe zu Ehren des Reformators wieder in besseren Stand zu setzen.

Aus neuerer Zeit ist noch zu nennen : Joseph Anton Gall, geboren zu Weil der Stadt 1748, Domherr in Wien, und durch Kaiser Josef II. zum Bischof in Linz ernannt 1788, machte sich besonders um das Schulwesen verdient, gestorben 1807. Der durch seine Schädellehre berühmte Franz Joseph Gall stammt aus derselben Gallischen Familie; sein Großvater war aber von Weil der Stadt nach Tiefenbronn gezogen. Er verdankte seine Ausbildung dem Bischof Gall, welcher den jungen Vetter nach Wien kommen und auf seine Kosten unterrichten ließ. Das Gallische Familienhaus steht auf dem Marktplatz. Ferner: Med. Dr. Burkhard Eble, Professor der Anatomie am Josephinum in Wien, geboren 1799, gestorben 1839, Verfasser eines berühmten Werks über die Haare.

Vom Marktplatz haben wir nur wenige Schritte zur Peter- und Paul-Kirche.

Auf dem Wege dorthin bemerken wir am Rathaus das Stadtwappen mit drei Schilden: ein schwarzer Adler, zwei gekreuzte Schlüssel und die Buchstaben : S P Q R (Senatus Populusque Romanus).

Die Kirche ist aus buntem Sandstein im gotischen Stile im 15. Jahrhundert gebaut worden. Die Strebepfeiler um Kirche und Chor laufen in schönen Fialen (Spitzsäulen) aus. Zwischen den Strebepfeilern sind ziemlich breite spitzbogige Fenster mit neuen runden Scheiben. Der südliche Eingang, die sogenannte Ehetüre, bildet eine Vorhalle mit schönem Netzgewölbe; am Portal selbst ist zu beiden Seiten Petrus und Paulus als Brustbild in Stein ausgehauen. Neben dem Portal die Inschrift:
A. dom. 1492 Innocentio nono, summo pontifice, Friderico duce Austriae Romano imperatore et Maximilian filio ejus eorundem rege, secuna feria post Invocavit hujus ecclesiae renovatae primus lapis positus est.

Der Hauptturm, welcher an der Westseite an eine schmale Straße stößt, ist in seinen vier unteren Stockwerken ohne allen architektonischen Schmuck, auf den oberen Ecken stehen Fialen. An der Südseite des Turms steht in Mannshöhe eine Inschrift in gotischen Minuskeln: *Hainrich von Heimheim leit den ersten Stain an diesen Thurm und sin Sun den andern Stain.* Die beiden kleineren Türme zu beiden Seiten des

Chors rühren noch von der früheren Kirche her und sind im romanischen Stile des 12. Jahrhunderts. Sie haben äußerst schmale, gedrückt spitzbogige Fenster und rings unter dem Dach umlaufende Rundbogenfriese. Das Innere der Kirche wurde neuestens von Oberbaurat v. Egle restauriert. Je drei glatte neue Säulen trennen das Hauptschiff von den Seitenschiffen. Die Decke, welche ursprünglich spitzbogig gewölbt, später flach getäfert war, hat nun wieder ein schönes Gewölbe bekommen. Unter den Grabsteinen, welche bisher in der Kirche waren, jetzt außen, ist merkwürdig einer mit der Umschrift:

A. dom. 1388 am St. Bartholomäi Abend ist Anshelm Reinhardt in dem Streit vor Töffingen erschlagen worden, deß Husfraw war Adelheit Schultheißen. Auf dem Wappen sind drei Helme.

Die andere Kirche, die Spitalkirche, an der östlichen Stadtmauer, ist von keiner architektonischen Bedeutung.
Das ehemalige Augustinerkloster auf dem höchsten Punkte der Stadt ist seit 1815 zu Wohnungen für den Stadtpfarrer und einige Lehrer, sowie zu Schulen eingerichtet. Das frühere Kapuzinerkloster, unterhalb desselben, ist in Privathänden.

Aus der Geschichte führen wir an: im 30jährigen Kriege wurde die Stadt am 14. Februar 1641 von den Weimarschen Truppen unter Oberstleutenant von Rosen eingenommen, dagegen wehrte sie sich mit Erfolg gegen die Weimarschen Truppen am 27. Januar 1645.

Die schwerste Zeit kam aber am Schlusse des Kriegs. Am 20. Oktober 1648 rückten die Franzosen unter Varennes vor die Stadt und erstürmten sie am 22. Oktober. Die Stadt wurde in Asche gelegt, wobei auch das Archiv verbrannte, die Einwohner teils getötet, teils mit dem Vieh weggeführt.

Die Reformation fasste mehrmals Fuß in der Stadt, so 1522 durch die Predigten des Augustiners Diepold Gerlacher. Am Ende des 16. Jahrhunderts war fast die ganze Einwohnerschaft evangelisch. Nur der Rat blieb katholisch. Nach dem 30jährigen Kriege wollten wieder viele Einwohner die evangelische Lehre einführen, die Stadt blieb aber katholisch. Gegenwärtig wird für die Evangelischen in der Stadt von dem Geistlichen in Merklingen der Gottesdienst in der Spitalkirche gehalten.

2. Die Bahn von Weil der Stadt bis Calw.

(6 Stunden)

Übergang vom Gäu zum Schwarzwald, vom Würmtal ins Nagoldtal, vom Muschelkalk in den bunten Sandstein. Die Bahn steigt von Weil der Stadt bis Althengstett und fällt von da bis Calw.

Viele Kunstbauten, welche sich in drei Gruppen teilen: die Kurve um den Hacksberg, der Forsttunnel, die Kurve im Tälesbach.

Stationen: Schafhausen, Althengstett, Calw. Vom Oberamt Leonberg durch das Oberamt Böblingen in das Oberamt Calw.

Die Bahn führt von der Station, Weil der Stadt in einem Bogen um die Stadt und läuft fast bis Schafhausen in südlicher Richtung das Würmtal aufwärts. Zuerst verschwindet Weil der Stadt auf kurze Zeit in einem Einschnitt, über welchen die Straße nach Merklingen und Pforzheim auf einer Brücke führt. Auf den Einschnitt folgt ein Damm von 40', von welchem aus wir nun die Stadt von der

Westseite sehen; zwei gewölbte Durchlässe führen unter dem Damm durch, der zweite für die Straße nach Simmozheim, Althengstett, Calw. Nach dem Damme kommen keine bedeutende Kunstbauten bis Schafhausen.
Die Bahn folgt der bewaldeten Hügelkette des Würmtals und steigt von 1:100. Im Tal sehen wir bald eine Sägmühle, noch etwas weiter können wir auf der unten neben der Bahn laufenden Straße den Grenzstock des Oberamts Leonberg und Böblingen bemerken. Auch zeigt sich jetzt Schafhausen, der erste Ort Böblinger Oberamts. Vor der Station fahren wir noch unter einer Brücke durch, welche etwa 400' über der Talsohle von der Station Schafhausen nach Dätzingen und Ostelsheim führt. Beim Einfahren auf die Station sehen wir noch einmal zurück nach Weil der Stadt.

Station Schafhausen.

Evangelisches Pfarrdorf mit 658 Einwohnern. Früher führte die Poststraße von Stuttgart nach Calw über Magstadt, Schafhausen, Ostelsheim. Auch jetzt noch wird diese Straße als die nächste viel befahren. In der Nähe des Orts, auf der linken Seite der Würm, liegt ein Steinbruch des bunten Sandsteins, aus welchem die Postamentwürfel der Hoferschen Pferde in den Anlagen zu Stuttgart stammen. Die Station Schafhausen liegt auf einer Auffüllung an der Seite des Hacksbergs. Dieser ist ein kegelförmiger Berg zwischen dem Würmtal und einem Seitental. Um den Hacksberg führt nun die Bahnlinie in einer großen Kurve oder Schleife herum, in der Steigung von 1:100. Zuerst folgt die Bahnlinie noch dem Würmtal, in der Richtung gegen Döffingen.
Wir nähern uns hier dem Schlachtfeld von **Döffingen**, welches von Döffingen herwärts gegen Schafhausen liegt. Hier besiegte Graf Eberhard der Greiner 1388 am 23. August, einem Sonntag, morgens früh die Städter von Weil der Stadt, Reutlingen, Ulm, Nürnberg u. a. Der Graf kam das Trockental von Leonberg herab und fasste die Städter im Rücken, welche das Würmtal heraufgekommen waren von Weil der Stadt und den Kirchhof von Döffingen belagerten. Auf Seite der Städter fiel der Anführer Konrad Besserer von Ulm, auf

Eberhards Seite sein Sohn Ulrich, welcher die bei Reutlingen 1377 erhaltene Scharte auszuwetzen suchte. Dessen Witwe Elisabeth, Tochter König Ludwigs des Baiern, kaufte nachher den Platz an, wo Graf Ulrich gefallen.

DIE SCHLACHT BEI DÖFFINGEN.

Die Kirche in Döffingen stammt nicht mehr aus jener Zeit, da im Jahre 1634 nach der Schlacht bei Nördlingen das Dorf samt der Kirche verbrannte. Dagegen ist von den dicken Mauern des alten Kirchhofs noch ein bedeutender Teil vorhanden.

Die Bahnlinie wendet sich nun aus dem Würmtal in das wiesenreiche Tal des Altbachs, der von Ostelsheim herkommt. Bei dieser Wendung führt sie durch einen 1300' langen und zum Teil 90 —100' tiefen Einschnitt, welcher durch Kalksteinfelsen gebrochen werden musste.

Nach dem Einschnitt erscheint **Dätzingen,** katholisches Pfarrdorf mit 495 Einwohnern, Böblinger Oberamts. Bis zum Jahre 1805 war der Ort im Besitze des Johanniterordens; der letzte Komthur des Ordens in dem Orte war Joh. Bapt. Freiherr von Flaxlanden. Das Schloss, welches dem Orden gehört hatte, schenkte König Friedrich 1810 dem Grafen von Dillen, dessen Sohn jetzt dasselbe besitzt. Es liegt in der Mitte des Orts und ist von schönen Anlagen umgeben.

Nachdem die Kurve um den Hacksberg durchfahren ist, sind wir wieder ganz nahe der Station Schafhausen und fahren nun auf einer Brücke über dieselbe Straße, unter welcher wir vor der Station Schafhausen unten durchgefahren sind. Hier kommen sich die Ausläufer der Schleife bis auf eine Entfernung von zwei Minuten nahe, wir sind aber indessen 80' höher gestiegen.

Wir fahren nun gegen Westen in gerader Richtung auf den Schwarzwald zu, von dem wir auch zur Rechten die Vorposten, die dunklen Tannen, erblicken.

Zur Linken sehen wir bald **Ostelsheim**, evangelisches Pfarrdorf mit 864 Einwohnern, früher zum Oberamt Böblingen, jetzt zu Calw gehörig. Wir sind also schon ins Oberamt Calw und damit in den Schwarzwaldkreis eingefahren. Doch liegt der Ort noch diesseits der Wasserscheide von Würm und Nagold und hat noch ziemlich Obstzucht.

Ostelsheim ist der Geburtsort von Gottlieb Wilhelm Hoffmann, dem Gründer und vieljährigen Vorstand von Korntal und Bürgermeister von Leonberg, geboren 1771 als Sohn des damaligen Pfarrers. Bei Ostelsheim wechseln Dämme und Einschnitte, auch fahren wir über zwei Straßen auf eisernen Brücken. Die erste Straße führt von Ostelsheim nach Weil der Stadt, die andere, bald nach Ostelsheim, ist die alte Straße nach Althengstett.

Wir nähern uns jetzt der Wasserscheide zwischen Würm und Nagold, welche ein niederer Bergrücken, der Forst, 1920' (550 m.) hoch, bildet. Ein langer Tunnel, welchem ein langer Einschnitt vorhergeht und ein etwas kürzerer Einschnitt nachfolgt, war erforderlich, um über diese Wasserscheide oder eigentlich unter derselben durchzukommen. Dieser Bergrücken ist geognostisch dadurch merkwürdig, dass sich in demselben eine Keuperspalte befindet, welche sich etwa eine halbe Stunde weit in der Richtung von Südost nach Nordwest durch den Muschelkalk hinzieht. Es müssen hier bedeutende Erdrevolutionen stattgefunden haben, wovon auch die starken Verwerfungen des Muschelkalks im Vor-Einschnitt zeugen. Zunächst nach Ostelsheim führt die Bahn auf hoher Auffüllung von 60-80'. Auch sind hier zur Rechten 6-7 Morgen große Material-Ablagerungsplätze. Dann überschreiten wir die Straße Ostelsheim - Althengstett und fahren in den 4000' langen und bis 420' tiefen Vor-Einschnitt des Forsttunnels. Die Schichtungen bestehen hier meist aus Lehm, in welchem Mammutzähne gefunden wurden, mit vielem Steingerölle und starken Findlingen, sogenanntem Zellenkalk; das ganze Gebirge ist verworfen und nur in der Tiefe sind regelmäßige Schichtungen. Dieser Einschnitt erforderte vier Jahre Bauzeit.

Der Tunnel ist 2430' (696 m.) lang, liegt fast ganz im festen Wellenkalk, welcher beim Zutritt der Luft verwittert und durchschneidet die vorhin genannte Spalte des Keupers. Der ganze Ausbruch musste mittelst Sprengung geschehen, während im Gewölbscheitel eine Lettenschichte lag, welche einen starken Druck ausübte, daher große Vorsicht beim Bauen nötig war. Die Erschließung des Berges geschah im Juni 1868 und wurde mit drei Hilfsschächten ausgeführt; der Sohlenstollen war im Oktober 1869 vollständig durchgebrochen und am 9. Oktober wurde ein feierlicher Durchzug veranstaltet. Die Ausmauerung geschah mit rotem Sandstein aus dem Nagoldtal. In der Mitte des Tunnels entspringt aus dem bunten Sandstein und Keuper-Mergel eine starke Quelle mit gutem Trinkwasser, welche gegen Ostelsheim abgeleitet ist. Auch auf der Westseite des Tunnels ist ein bedeutender Einschnitt, aber nicht so lang und nicht so tief, als auf der Ostseite, am Portal 90'. Die Schichtungen sind hier regelmäßiger und bestehen meist aus Wellenkalk. Der Einschnitt erstreckt sich bis zur Station Althengstett, auf der wir jetzt ankommen. Bis hier her steigt die Bahn von Schafhausen gleichmäßig 1:100. Wir sind nun auf dem höchsten Punkte der Bahn, 1775' (508 m.) über dem Meer.

Station Althengstett

Althengstett, evangelisches Pfarrdorf mit 1332 Einwohnern, hieß früher nur Hengstett, bis im Jahre 1699 die Waldensergemeinde Neuhengstett, eine halbe Stunde nördlich, gegründet wurde.

Wir sind nun schon über der Wasserscheide im Quellengebiet der Nagold, was sich am Vorherrschen der Nadelwälder zeigt. Boden und Klima sind dem Obstbau nicht mehr günstig, dagegen beginnt hier der Handel mit Langholz.

Als im 9. Juli 1796 die Franzosen unter Moreau über den Rhein kamen und nach dem Treffen bei Rotensol (Dobel), sich über Neuenbürg und Calw in unser Land hereinzogen, wurde zwischen Alt- und Neuhengstett ein Vorpostengefecht zwischen den Franzosen und Österreichern, welche sich nach Weil der Stadt zurückzogen, geliefert. Der Orte selbst wurde von den Franzosen geplündert, besonders im Pfarrhaus und in den Wirtshäusern.

Hier wurde 12. September 1765, als der Sohn des damaligen Pfarrers, geboren: Christian Jakob Zahn, vieljähriger Vizepräsident der württembergischen Ständekammer, der sich um das vaterländische Verfassungsleben sehr verdient machte. Die Melodie des Schillerschen Reiterliedes: „Wohlauf Kameraden", stammt von ihm, wie er auch sonst manche Melodien komponierte. Er war Mitbegründer der „Allgemeinen Zeitung", später Teilhaber an Fabriken in Calw, wo er 8. Juli 1830 starb.

Sein älterer Bruder, Johann Georg Zahn, geboren 1759, gestorben 1831,war ein verdienter hochgeschätzter Arzt in Calw.

Von Althengstett nach Calw ist die Entfernung eine Stunde; die Bahn macht aber, um in's Tal hinabzukommen, einen Weg von 37.600', also nahezu drei Stunden bis zum Bahnhof Calw und hat auf dieser Strecke ein Gefäll von 1:60 und 1:70. Der Übergang der Hauptbahn über die Alb bei Geislingen steigt 1:45 und fällt auf der andern Seite 1:75.

Die Bahn führt zuerst auf einem 35' hohen Damm neben Althengstett hin. Schon am Anfang des Orts führt unter dem Damm, durch einen schöngewölbten Durchlass, die Straße nach Simmozheim und Weil der Stadt. Von dieser Straße zweigen weiterhin zwei Vizinalwege auf der linken Seite ab, einer nach **Neuhengstett**, der andere nach **Möttlingen**. Von Neuhengstett, der Waldensergemeinde, gewöhnlich „welsch Dorf" genannt, sieht man vom Damme aus einige Häuser. Möttlingen, eine Stunde, ist bekannt durch mehrere Geistliche, welche dort waren: Machtholf, der einst den plündernden Franzosen einen silbernen Löffel nachtrug, welchen er noch in seinem Hause gefunden hatte, Dr. Barth, der Kinder- und Missionsschriftsteller; Blumhardt, jetzt in Bad Boll.

Nach drei kleineren Durchlässen, wobei zur Linken der Tafelberg und zur Rechten der Anfang des Tälesbaches und die Vizinalstraße nach Hirsau, schneidet die Bahn die Calwer Straße und geht in den 125' tiefen Haueinschnitt (Wellenkalk). Hier war zuerst ein Tunnel beabsichtigt, weil aber beim Durchbrechen sich zu viel Wasser fand, so wurde ein Einschnitt gemacht. Zu diesem Zwecke musste die Straße auf die rechte Seite des Einschnitts verlegt werden. Auf den Einschnitt folgt wieder ein Damm von 35', mit gewölbtem Durchlass für die Stuttgarter Straße, in welche dort auch die Herrenberger Straße, zunächst von Stammheim (eine halbe Stunde) kommend einmündet.

Heutiges Kulturdenkmal "Bahndamm Hirsau" mit Baufeldbahn. Um 1870.

Zu **Stammheim** sollte noch erwähnt werden, dass Balthasar Haug hier geboren wurde. Er war Professor an der Karlsakademie auf dem Schloss Solitude. War Schriftsteller und Lehrer von Friedrich Schiller. Sein Freund war Christian Friedrich Daniel Schubart.

Weiter hat in Stammheim **Dr. Barth** im Jahre 1826 mit Hilfe Calwer Unternehmer die Kinderrettungsanstalt gegründet.

Vom Damm herab sieht man jetzt die Stadt Calw in der Tiefe des Tales liegen. Sie verschwindet aber wieder, denn ehe der Zug dorthin kommt, muss er zuvor noch einen weiten Bogen beschreiben. Zuerst geht die Bahn durch den Hirsauer Tunnel in den Tälesbach, ein Seitental der Nagold. Der Tunnel ist 1935' lang, geht durch den bunten Sandstein und macht eine leichte Schlangenlinie, ähnlich einem großen lateinischen S. Nach dem Tunnel macht die Bahn eine große Kurve, indem sie zuerst den Tälesbach oben mit einem 55' hohen Damm überschreitet und dann an mächtigen Sandsteinfelsen vorüber, den Tälesbach unten wieder überschreitet, und zwar auf einem 200' hohen Damm, welcher beim Bau etagenmäßig aufgeführt wurde. Es war zuerst ein Viadukt beabsichtigt, der aber wegen schlechten Untergrundes unterblieb. Die Kurve ist vom nördlichen Portal des Tunnels etwa 6500' lang und macht 3/4 eines Kreises aus. Während wir diese Kurve beschreiben, öffnet sich der Blick nach Hirsau hinab. Wir sehen die Ruinen des Klosters und Schlosses. Aus den vier Mauern des herzoglichen Schlosses ragt die bekannte Ulme, über 100' hoch und gegen 5' Durchmesser, von jungem Nachwuchs umgeben, heraus. Der hohe Turm ist noch einer der beiden romanischen Türme der Klosterkirche dieses einst berühmten Benediktinerklosters. Schloss und Kloster wurden von den Franzosen unter Melak 1692 verbrannt.

Vom Tälesbach zieht sich die Bahn am westlichen Nagoldufer hin, aber noch in ziemlicher Höhe über der Talsohle. Wir haben hier zur Linken den prächtigen Steinbruch des Welzberges, bei 2000' lang, welcher die Steine zum Forsttunnel lieferte, und wohl noch zu manchem Bau das Material liefern wird.
Nun richten sich unsere Blicke nach Calw. Am jenseitigen Ufer sehen wir den Hügel, auf welchem einst die Grafen von Calw ihre Burg hatten, die Doertenbachsche Villa mit schönen Anlagen, die Fabrikgebäude der Schill und Wagnerschen Wolldecken-Fabrik. Diesseits beginnt die Stadt mit dem Brühl, einer schönen Lindenallee. Nach derselben erblicken wir auf einem freien Platze bei der untern Brücke die Turnhalle, 1869 erbaut. An dieselbe schließt sich für die Gewerbeausstellung ein 166' langes und 80' breites Gebäude mit Nebengebäuden an. Darauf folgt der Bischof, d. h. die Straße, welche die Vorstadt der Länge nach durchzieht, ursprünglich: „Büsch' nuf".

Über die Gebäude der Stadt ragt ein neues Gebäude, das **Georgenäum** hervor, eine Stiftung des Generalkonsuls v. Georgii zu

Emil Wilhelm von Georgii-Georgenau

Zwecken des Unterrichts und allerlei geistiger Interessen.

Indessen fahren wir auf 60' hohem Damm neben der Stadt hin und überschreiten auf dem Ziegelbach -Viadukt in der Höhe von 60' die Stuttgarter Straße und den kleinen Ziegelbach. Auf zwei gewaltigen Ortpfeilern von großen Sandsteinquadern liegt die eiserne 70' lange Brücke. Neben uns sehen wir etwas tiefer eine zweite eiserne Brücke, über welche die Calw-Pforzheimer Bahnlinie führt. Es scheint, wir dürfen Calw nur im Vorüberfahren sehen, denn wir fahren noch eine gute Strecke weiter, bis der Zug auf dem Bahnhof 8 Minuten vor der Stadt entfernt hält. Wir sind nun 570' (163 m.) tiefer als in Althengstett, 350' (100 m.) tiefer als in Weil der Stadt; der Bahnhof Calw liegt 1205' über dem Meer und 55' über der Nagold.

CALW

evangelische Oberamtsstadt mit 5582 Einwohnern.

I. Geschichte der Grafen von Calw, vom 9. – 13. Jahrhundert.

Ihre Geschichte ist eng verknüpft mit der Geschichte des Klosters **Hirsau**. Der älteste bekannte Stammvater ist Graf Erlafried, † 850, dessen Grabstein in Hirsau an der Sakristei der dortigen Kirche steht. Er stiftete nebst seinem Sohn Noting, Bischof von Vercelli das Kloster Aureliuszell zu Hirsau, zu Ehren des h. Aurelius, dessen Gebeine Bischof Noting im Jahre 838 aus Italien mitgebracht hatte. Ein späterer Graf Adelbert brachte das Kloster in seine Gewalt, plünderte es aus 990, und zog die reichen Güter desselben ein. Er vertrieb die Mönche und übergab das Kloster Weltgeistlichen. Diese führten ein ausschweifendes Leben und ließen das Kloster ganz zerfallen.

Kloster Hirsau

In der Mitte des elften Jahrhunderts lebt Graf Adelbert von Calw und dessen Gemahlin Wiltrud. Durch ihn wurde das Kloster Hirsau wieder hergestellt, er ist somit der zweite Stifter. Den Anlass dazu gab Papst Leo IX. (1049 – 84) ein mütterlicher Oheim des Grafen. Des Grafen Mutter war eine Gräfin von Egisheim bei Colmar im Elsass. Deren Bruder war Leo IX. Dieser kam 1049 auf einer Reise durch Deutschland auch nach Calw und machte es hier seiner Schwester Sohn, dem Grafen Adelbert, zur heiligen Gewissenspflicht, dass er das von seinem Vorfahren zerstörte Kloster Hirsau wieder aufrichte. Adelbert versprach es, vergaß aber sein Versprechen bald wieder. Dagegen ruhte seine Gemahlin Wiltrud, eine Tochter Gottfrieds des Bärtigen von Lothringen, nicht, bis sie ihren Gemahl dazu brachte, den Aufbau des Klosters zu beginnen 1089. Adelbert stattete das Kloster mit Gütern aus und ließ diese neue Stiftung zu Worms 1075 durch König Heinrich IV. feierlich bestätigen. Später ließ sich Adelbert selbst noch als Mönch in dem Kloster einkleiden und starb 1099.

Auch ein Papst dieses Jahrhunderts entstammte aus dem Calwer Grafengeschlecht. Wenigstens wird mit großer Wahrscheinlichkeit angenommen, dass der Papst Viktor II., der Nachfolger von Leo IX., ein Graf von Calw war. Er war vorher als Bischof Gebhard von Eichstädt durch Weisheit und Reichtum, sowie durch seine Verwandtschaft mit Kaiser Heinrich III. der mächtigste Bischof des Reichs. Nach Leos Tode wurde er von Hildebrand, dem nachmaligen Papst Gregor VII. zum Papst ausersehen 1055. Kaiser Heinrich III. übergab ihm sterbend seinen Sohn, Heinrich IV. in seine Obhut und Viktor II. sicherte ihm durch sein Ansehen das Reich. Viktor II. starb aber schon 1057.

Ein anderer Geistlicher aus dem Calwer Grafenhause war Bruno, Bischof von Metz 1088-89. Am blühendsten war das Haus der Grafen von Calw unter dem Grafen Gottfried, einem Sohn des Grafen Adelbert. Er war einer der angesehensten Ratgeber Kaiser Heinrichs V., welcher ihm 1113 die Pfalzgrafschaft im Rheinland übergab. Er hatte die Vogtei über die Klöster Hirsau, Sindelfingen und Lorsch an der Bergstraße.
Einen Sohn hinterließ er nicht, seine Tochter Uta verheiratete sich an den berühmten Herzog Welf II. Nach Gottfrieds Tode, 1131, setzte sein Neffe Adelbert den Mannsstamm fort. Nun aber begann das Teilen. Das Geschlecht verzweigte sich in mehrere Linien: Calw, Löwenstein, Vaihingen, vorübergehend auch Wolfssölden. Die Calwer

Linie, welche noch 100 Jahre fortdauerte, starb zuerst aus. Der letzte Graf war Gottfried, gestorben vor 1263. Er hinterließ 2 Töchter.
Die eine heiratete den Grafen Rudolph von Tübingen und Böblingen, und in zweiter Ehe den Grafen Ulrich von Berg-Schelklingen.
Die andere Tochter, welche sich Gräfin von Zavelstein nannte, verheiratete sich an den Grafen Simon von Zweibrücken. Unter diese Geschlechter wurden die Calwer Güter verteilt, sie blieben aber nicht lange in deren Besitz. Die Berger Hälfte der Stadt und Burg Calw kam 1308 und die Tübinger Hälfte 1345 durch Kauf an das in jener Zeit emporblühende Haus der Grafen von Württemberg. Ebenso kam auch mit der Zeit der Zweibrückische Teil an Württemberg.

In der Blütezeit des Calwer Grafenhauses erstreckten sich seine Güter und Rechte von den Fildergegenden über den Würm -, Glems-, Enz-, Zaber-, Murr- und Schotzach-Gau. Das Wappen des Grafenhauses in allen seinen Linien, sowie der Stadt ist ein auf drei oder vier Bergspitzen rechts schreitender roter Löwe mit blauer Zunge und Krone.

II . Die Geschichte der Stadt Calw vom 14. – 19. Jahrhundert.

Aus der Grafenzeit wissen wir noch sehr wenig über die Stadt. Wahrscheinlich bekam sie Stadtrecht im 13. Jahrhundert, im Jahr 1281 wird die civitas Kawel genannt. Früher kommt der Ort unter dem Namen Kalewa 1037 und Chalewa, Calwa 1075 vor. Von einer Kirche zu St. Peter und Paul ist auch schon in der Zeit der Grafen die Rede. Aus der ersten Zeit unter Württemberg ist ebenfalls nicht viel bekannt. Doch erfahren wir, dass 1337 eine Walkmühle vorhanden war und dass in diesem Jahrhundert ein stark besuchter Jahrmarkt auf dem Brühl bei der längst abgegangenen Marienkapelle gehalten wurde. Wir sehen darin die ersten Spuren von Gewerbe und Handel der Stadt.

Im 15. Jahrhundert wurde der Markt in die Stadt verlegt, als diese ein neues Rat- und Kaufhaus baute 1454. Auch verlieh Graf

Ludwig von Württemberg der Stadt 1454 einen Freiheitsbrief, „die Nutzung von diesem Hause stets einzunehmen".

Aus dem 16. Jahrhundert ist zu erwähnen die Einführung der Reformation. Als Herzog Ulrich 1534 in sein Land zurückgekehrt war,

wobei auch 3 Abgeordnete von Stadt und Amt Calw nach Stuttgart geschickt wurden, um dem Herzog zu huldigen, so begann das Werk der Reformation im Lande, nachdem es schon manchfach vorbereitet war. Nach Calw kam der evangelische Prediger Hieronymus Kranz von Kreuzlingen in Thurgau 1534, ihm folgte 1537 Markus Heiland. Durch seine unermüdete Tätigkeit fand die Reformation trotz des Widerstandes, welchen der Vogt und ein Teil des Rates leistete, mehr und mehr Eingang. Während des Interims war Heiland nicht mehr sicher in Calw, und ging nach Straßburg, wo er 1550 starb.

Nach dem Interim schwanden die Schwierigkeiten in der Stadt, und die Reformation wurde vollends eingeführt. Einige Jahre nachher wurde Calw die Zufluchtsstätte für die theologische und philosophische Fakultät der Universität Tübingen, 1555-56, als die Pest im Lande war und auch nach Tübingen kam, ebenso wieder 1594-95 und 1610. Bei der zweiten Aufnahme in Calw war unter den Professoren der bekannte Chronikenschreiber Martin Crusius. Aus schuldiger Dankbarkeit hielt derselbe nachher in Tübingen eine lateinische Rede über Calw, „die uralte Stadt des Herzogtums Württemberg".

In das 16. Jahrhundert fällt auch noch die Errichtung eines der vier Landphysikate in Calw. Durch die große Kirchenordnung, unter Herzog Ludwig 1582 erschienen, (eine Verbesserung der ersten von Herzog Christoph) wurde für vier Städte des Landes bestimmt, dass sich darin ein erfahrener Arzt und ein geschickter Apotheker befinde.

Das 17. Jahrhundert traurigen Angedenkens brachte der Stadt viel Jammer durch die zweimalige Zerstörung in Kriegszeit. Zu Anfang des Jahrhunderts standen Gewerbe und Handel in schöner Blüte; Calwer Tücher und Zeuge waren überall gesucht. Besonders nahm

der Absatz zu vor dem 30-jährigen Krieg, als ein Italiener, Crololanza aus Piazenza das Wollenkämmen, die Weberei und Färberei wesentlich verbessert hatte. Der Absatz ging über Württemberg und Deutschland hinaus nach Böhmen, Polen, Ungarn, Siebenbürgen, Elsass, Lothringen und Italien. In der Stadt und Umgegend zählte man 400 Webermeister, 1200 Zeugmacher und etliche 1000 Spinnerinnen. Jährlich verfertigte man gegen 70.000 Stück „ Engelsait, Grobgrün, Boi, Federritter, Bombasin, Barchent, Kölsch, Machaier, Schalter, Atlas und Teppiche."

Dass Calw seinen Wohlstand auch gut anzuwenden wusste, sehen wir aus der ersten Zeit des 30jährigen Krieges, als Johann Valentin Andreae Spezial in Calw war. Auf dessen Betreiben war 1627 die Stadtkirche zur Aufnahme weiterer 1000 Besucher vergrößert worden, wozu der Calwer Bürger Christoph Demler allein 4000 fl. be-

stimmte. Ferner war schon 1621 auf Andreaes Anregung eine Familienstiftung gegründet worden, welche unter dem Namen Färberstift weit bekannt ist. Die meisten der Stifter gehörten nämlich der damals in Calw bestehenden Zeugfabrikations- und Färberkompagnie an. Von dieser Stiftung werden nicht bloß arme Verwandte der Stifter unterstützt, sondern sie hat besonders auch den Zweck, studierenden der Theologie zu den Studienkosten einen Beitrag zu

geben. Weiter ist aus jener Zeit bekannt, wie sich die Stadt Calw der vom Krieg schwer heimgesuchten Einwohner der Pfalz tätig annahm. Viele kamen beim Einfall des Herzogs von Baiern in der Pfalz als Flüchtlinge in unser Land. Innerhalb 5 Jahren hatten die Calwer Bürger 11.000 Armen Unterstützung zukommen lassen.
Nach der Schlacht bei Nördlingen, 6. Sept. 1634, brach aber das Kriegselend auch über Calw herein. Der bairische General Johann

von Werth hatte die Verfolgung des protestantischen Heeres durch Württemberg übernommen und erschien 20. Sept. mit 2000 Reitern vor den Toren der Stadt, deren Vogt Andler, ein hochmütiger, ausschweifender Mann, keine Anstalt zur Abwendung der drohenden Gefahr gemacht hatte. Als man dem General das Ziegeltor nicht gleich öffnete, drang er gewaltsam ein, zog aber bald weiter zur Verfolgung des Feindes gegen Neuenbürg. Dagegen wurden nun von der in Calw zurückgebliebenen Mannschaft die ärgsten Gräueltaten verübt; in der Nacht vom 20./21. Sept. wurde die Stadt angezündet und niedergebrannt. Ein Teil der Einwohner hatte sich mit Andreae in die Wälder bei Neuweiler geflüchtet. Auch waren noch manche während des Brandes über die Mauern in die Wälder geflüchtet. Aber die wütenden Soldaten ließen den Flüchtlingen keine Ruhe und verfolgten sie mit Jägern und Hunden. Auf diese Schreckenszeit folgten im Jahr 1635 ansteckende Krankheiten. Und als die Stadt 1638 zum Teil wieder aufgebaut war, wurde sie vom kaiserlichen General Götz, welcher vor Herzog Bernhards Truppen floh, nochmals auf schreckliche Weise geplündert. Nur langsam erholte sich die Stadt von diesen Stürmen des 30jährigen Kriegs.

Im Jahr 1655 wurde die Kirche, welche mit verbrannt und nun wieder aufgebaut worden, feierlich eingeweiht. Ehe aber die alten Wunden ganz vernarbt waren, traf die Stadt ein neuer Schlag. Als König Ludwig XIV. seine Heere zur Verwüstung Deutschlands ausschickte, brach Melak 1692 mit seinen raubgierigen Scharen in unser Land ein, brannte zuerst das Kloster Hirsau nieder, und kam am 19. Sept. nach Calw. Zuerst wurde die Stadt ausgeplündert unter allen Greueln des Kriegs, und darauf in Brand gesteckt. Auch diesmal verbrannte wieder die ganze Stadt samt der Kirche, ausgenommen vier Gebäude in der Stadt und etliche kleinere Häuser an den Bergen.

Durch diese zweimalige Zerstörung der Stadt war die frühere Gewerbtätigkeit wohl unterbrochen, aber nicht aufgehoben worden. Nach dem 30jährigen Krieg nahm sie einen neuen Anfang in der

Gründung der Calwer Zeughandlung. Zwei arbeitsame und verständige Männer legten im Anschluss an die Färberordnung von Herzog Eberhard III. vom 1. Nov.1650 den Grund zu dieser Handlung, welche später unter der Firma Maier, Schill und Comp. berühmt wurde und im folgenden Jahrhundert zu großer Blüte gelangte. Die

Mitglieder waren ursprünglich alle selbst Färber, Tuch- und Zeugmacher. Später als das Geschäft an Ausdehnung gewonnen hatte, teilten sie sich in die Aufsicht über die verschiedenen Zweige des Geschäfts. Zum Aufschwung des Geschäfts trugen namentlich die Privilegien bei, welche die württembergische Regierung der Compagnie erteilte. Diese Privilegien beziehen sich besonders auf die Ware, deren Verfertigung und Verkauf der Gesellschaft Vorbehalten war, und auf die ihr zugewiesenen Zeugmacher.

Im Jahr 1674 wurde die sogenannte Moderation eingeführt, indem man die Zeugmacher von 10 Ämtern des Landes der Compagnie zuteilte. Diese durften ihre Arbeiten allein an die Compagnie verkaufen. Alle Meister des Moderationsbezirkes waren angewiesen, die verfertigten Waren an bestimmten Tagen in das Kaufhaus nach Calw zu liefern, wo sie geprüft wurden. Die verschiedenen Gebäude der Compagnie standen in der Ledergasse und Inselgasse. Der Absatz stieg besonders während des 7jährigen Krieges. Auch nachher noch beschäftigte die Compagnie 7000 Menschen und verschloss jährlich für 500.000 fl. Waren. Später jedoch kam das Geschäft etwas in Abnahme teils durch Konkurrenz der englischen und sächsischen Fabriken, teils durch das häufigere Tragen von baumwollenen Zeugen.

Als dann die Revolutionskriege ausbrachen, und auch ein Streit zwischen der Compagnie und den Zeugmachern entstand, bat die Compagnie selbst bei der Regierung um Auflösung der

Moderations-Verfassung. Die Regierung bewilligte, obwohl ungern, die Bitte, und hob 1797 die Moderation mit den Privilegien auf.

Neben diesem wichtigsten Gewerbe der Tuchfabrikation und der damit verbundenen Färberei blühten im vorigen Jahrhundert noch manche andere Gewerbe, besonders die Gerberei und Saffianfabrikation, sowie die Strumpfweberei. Auch bestanden verschiedene Handelsgeschäfte. Eine Handelsgesellschaft Doertenbach & Comp. betrieb Bergwerke und Schmaltenfabriken (Blaufarbwerke) in Alpirsbach und Wittichen.

Eine andere Handlung, Notter u. Stuber, betrieb den Salzhandel; sie kaufte das Salz in Bayern und versah den größten Teil Württembergs und Oberschwabens mit Salz. Sie bestand unter verschiedenen Namen bis 1808, wo die württembergische Finanzverwaltung das Salzregal in Anspruch nahm zum Zweck der Salzbesteurung. Der Holzhandel mit Scheiter- und Floßholz wurde von einer Gesellschaft betrieben, welche zuerst unter dem Namen Vischer u. Comp. 1755 gebildet wurde und auch in andern Gegenden des Schwarzwalds Mitglieder zählte.

Blicken wir nun auf den jetzigen Stand von Handel und Gewerbe, so finden wir in der Hauptsache noch dieselben Gewerbe, aber zum Teil in anderer Gestalt, auch sind neue hinzugekommen. Unter den Wollgewerben nimmt den ersten Rang ein das aus 11 Teilhabern bestehende Geschäft : Schill und Wagner, welches (früher Bukskinfabrik) jetzt in neu errichteten Fabrikgebäuden Wolldecken und Flanell in ausgedehntem Maße fertigt. Auch die neu gegründete

Firma Gust. Fr. Wagner fabriziert Wolldecken. Die Tuchfabrikation wird von Fr. Würz in größerem Maßstab betrieben, außerdem von einigen Tuchmachern. Einen bedeutenden Aufschwung hat die Fabrikation von feineren Wollenwaren, besonders Unterleibchen und Unterbeinkleidern, genommen. Mehrere Häuser haben, neben den älteren Strumpfwebstühlen, die neueren Rundwebstühle eingeführt und beschäftigen viele Hände in Stadt und Land. Die vor einiger Zeit blühende und durch etwa 30

Häuser vertretene Wolljackenstrickerei, welche besonders nach Amerika Absatz hatte, hat in den letzten Jahren abgenommen und ist noch durch 7 Häuser vertreten. Ferner wird Wollspinnerei und Wollgarnzwirnerei betrieben; auch bestehen 3 Wollfärbereien, wovon 2 mit den neuesten technischen Vorrichtungen betrieben werden. Die vielen Tausend Zentner Wolle, welche zur Verarbeitung kommen, werden teils unmittelbar an den Seeplätzen, teils auf inländischen, preußischen und ungarischen Märkten aufgekauft. Die Baumwollgewerbe sind hauptsächlich vertreten durch die zwei großen, der Familie Stälin gehörigen Spinnereien Tanneneck und **Kentheim**, beide talaufwärts. Außerdem wird von mehreren Häusern Baumwolle zu Zeugen und Unterkleidern verarbeitet. Auch bestehen zwei Baumwollfärbereien und Druckereien.

Sehr alt ist die Gerberei und hat der Ledergasse, parallel mit der Nagold laufend, den Namen gegeben. Die Bozenhard, Leonhardt, Nischold, Wochele, Schnaufer, Stroh führen seit vielen Generationen dasselbe Geschäft in beträchtlichem Umfang.

Die 1766 in Calw gegründete Saffianfabrik Hassenmayer und Zahn wurde 1788 nach Hirsau verlegt und ist jetzt noch eine der ersten im Land.

Die Schuhmacherei ist etwa durch 60 Meister vertreten; sie arbeitet viel nach auswärts, besonders nach Pforzheim.

Ein in Württemberg wenig vertretenes Gewerbe ist die Fabrikation der für die Spinnereien unentbehrlichen Krazen, welche von Doertenbach und Schauber schon 1837 aus Rouen nach Calw verpflanzt wurde, und jetzt mit etwa 30 Maschinen und Dampfkraft betrieben wird. Der Absatz geht bis ins ferne Ausland.

Unter die neueren Gewerbe gehört die Cigarrenfabrik von Hutten mit 140 Arbeitern.

Ferner werden fabriziert: Leim, der dem Kölner nicht nachsteht, Mineralwasser, kölnisch Wasser und Malzextrakt, Seife und Talglichter, welche weithin versandt werden, Hüte und Filzschuhe, Bekleidungsgegenstände aller Art, elastische Artikel, Kochherde, Gefährte, Turmuhren, Pressen, Häuser, welche nach Pforzheim und Stuttgart geliefert werden.

Zu diesen mancherlei Gewerben kommen mehrere Handlungsgeschäfte. Die 1755 gegründete und jetzt als Stälin und Comp., und Mohr u. Comp. fortgesetzte Holzhandlung in Calw und Mannheim, fünf Weinhandlungen, zwei Weißwarenhandlungen.

Für die Zukunft verspricht auch die Steinindustrie bedeutend zu werden, da beim Eisenbahnbau großartige Steinbrüche im bunten Sandstein aufgeschlossen worden sind. Der neue Heilbronner Bahnhof wird von solchen Steinen gebaut. Plattensteine wurden bisher zu beiden Seiten des Nagoldtales in Sulz, Oberhaugstett, Bulach, Effringen und Schönbronn gebrochen.

Bankgeschäfte treiben mehrere Häuser; auch besteht eine Kreditbank für Landwirtschaft und Gewerbe, eine Spar- und Vorschuss-Bank.

Der Buchhandel ist vertreten durch die Buchdruckern von Oelschläger, welcher das dreimal erscheinende Calwer Wochenblatt druckt, und durch die Sortimentsbuchhandlung von E. Georgii, besonders aber durch den seit 40 Jahren bestehenden „Calwer Verlagsverein". Aus kleinem Anfang ist der Verein zu einem großen Baum gewachsen, der seine Zweige über die ganze Erde ausstreckt. Der Hauptbegründer desselben ist Dr. Barth, welcher noch als Pfarrer von Möttlingen im Jahr 1829 mit Unterstützung der Londoner Traktatgesellschaft einen Traktatverein in Calw gründete. Dieser erweiterte sich 1833 zum Calwer Verlagsverein. Zum Hauptzwecke machte sich dieser Verein, gute Schulbücher in christlichem Geist herauszugeben und möglichst billig zu verbreiten. Der ursprüngliche

Zweck wurde aber erweitert und so erschienen nach und nach in der Verlagsbuchhandlung die biblischen Geschichten (jetzt in 213. Auflage je 5000 Exempl.), die christliche Kirchengeschichte (19. Aufl.), Geschichte von Württemberg, Weltgeschichte, Reformationsgeschichte, biblische Naturgeschichte, biblische Geographie, biblische Altertümer, Handbuch der Bibelerklärung, Missions-Geschichte und Geographie (Blumhardt in Boll). Viele dieser Bücher sind auch in andre Sprachen übersetzt. Das verbreitetste Buch, die biblische Geschichte, welche in deutscher Sprache in mehr als 1 Million Exemplaren gedruckt wurde, ist in 64 verschiedene Sprachen übersetzt, darunter 24 europäische, 22 asiatische, 12 afrikanische, 3 amerikanische und 3 polynesische oder australische. Die buchhändlerischen Geschäfte besorgt seit 1833 der im Dienst des Vereins ergraute G. Weitbrecht. An die Stelle von Dr. Barth trat nach dessen Tod Dr. Gundert, früher Missionär in Indien, welcher außerdem mehrere Missionsblätter und die von Dr. Barth begründeten „Jugendblätter" herausgibt.

Sehen wir uns nun weiter nach den staatlichen und städtischen Verhältnissen von Calw um, so wurde von der Königl. Regierung 1866 in Calw eine Handels- und Gewerbekammer errichtet, deren Bezirk die Oberämter Calw, Freudenstadt, Herrenberg, Nagold und Neuenbürg umfasst.

Bei der Gerichtsorganisation im Jahr 1868 wurde in Calw ein Kreisstrafgericht für die Oberämter Calw, Herrenberg, Nagold und Neuenbürg errichtet. Dasselbe hat seinen Gerichtssaal im Rathause.

In Folge der Militärorganisation wurde 1871 nach Calw das Landwehrbezirkskommando für das erste Landwehrbataillon aus den Oberämtern Calw, Herrenberg, Nagold, Neuenbürg bestellt. Außerdem haben die gewöhnlichen Bezirksbeamten ihren Sitz in der Stadt, nur das Kameralamt ist in Hirsau.

Was sodann die städtischen Verhältnisse betrifft, so besteht neben der Volksschule eine lateinische Schule mit drei Lehrern, eine Oberreal- und Realschule mit drei Lehrern, eine Fortbildungsschule, Zeichenschule, Mittelschule. In gesellschaftlicher Beziehung sind zu nennen: Abendgesellschaft seit 1798, Bürgergesellschaft,

Liederkranz, Kirchengesangverein, Schützengesellschaft, Concordia und verschiedene andere gesellige Vereine.

Endlich nennen wir noch die Namen von verdienten Männern, welche in Calw geboren, oder hier gelebt und gestorben sind. Eine schöne Zahl solcher Männer ist im Lesezimmer des Georgenäum im Bild zu sehen, in ihrer Mitte J. Val. Andreä, 1620–89 Spezial in Calw.

Jodokus Eichmann, Prediger in Heidelberg, †1491.

Konrad Summenhard, Professor der Theologie in Tübingen, †1502.

Joh. Jak. Heinlin, Lehrer der Mathematik in Tübingen, Freund Johannes Keplers, †1660.

Joch. Dietrich Hörner, Landschaftskonsulent, †1724.

Andreas David Carolus, Dekan in Kirchheim, †1707.

Joseph Gärtner, Professor der Botanik in Petersburg, privatisierte in Calw und starb hier 1791.

Dessen Sohn Karl Friedrich Gärtner, ebenfalls Botaniker, †1850.

David Friedrich Cleß, Dekan in Reutlingen, †1810.

Christoph Friedrich v. Stälin, Direktor, Oberbibliothekar in Stuttgart und Verfasser der vortrefflichen Geschichte von Württemberg, * in Calw 1805.

Christian Jakob Zahn (s. Althengstett),† in Calw 1830.

Dessen Schwiegersohn Johann Georg Doertenbach, der sich um Handel und Gewerbe besonders verdient machte, 25 Jahre lang Abgeordneter von Calw, Vorstand der Handelskammer in Calw, †8. Sept. 1870.

Christian Gottlob Barth, zuerst Pfarrer in Möttlingen, privatisierte von 1838–62 in Calw, Verfasser vieler Jugendschriften, Begründer der Jugendblätter, eifriger Beförderer der Mission. Durch seine Verbindung mit den Missionaren war es ihm möglich, nicht nur selbst eine reiche Sammlung von Naturalien und Merkwürdigkeiten aus allen Gegenden der Erde anzulegen, welche jetzt in Basel sich befindet, sondern auch manchen Beitrag ins Naturalienkabinett nach Stuttgart zu liefern, wo wir seinen Namen vielfach lesen.

Machen wir endlich einen Gang durch die Stadt, so können wir, entweder von der Eisenbahn aus der Straße folgend, zuerst durch die Vorstadt, den Bischof entlang zur Turnhalle und der daselbst veranstalteten Gewerbeausstellung gehen, und dann durch die Stadt den Rückweg machen.

Oder aber schlagen wir den umgekehrten Weg ein; wir gehen bald nach dem Bahnhof auf dem Biersteg über die Nagold, besuchen dort den Felsengarten von Michael, wo wir die Nagold vor ihrem Eintritt in die Stadt und jenseits derselben den Bahnhof vor Augen haben. Sodann können wir durch die Badgasse in die Stadt gehen, oder wer eine schöne Aussicht auf die Stadt genießen will, geht auf dem Schafweg über die Stadt hin bis zum Georgenäum. Dieser Weg ist durch den Verschönerungsverein zu einem besonders schönen Spaziergang gemacht. Die Anlagen erstrecken sich bis in den nahen Nadelwald.

Oberhalb des Georgenäums treten wir in den Garten desselben ein. Dieses vom Generalkonsul v. Georgii Georgenau für seine Vaterstadt erbaute Gebäude ist einer nähern Betrachtung wert. Die gegen die Stadt gerichtete Front ist mit den 2 Statuen von Schiller und List geschmückt (Bildhauer Bach). In der Vorhalle sind in der Front 3 symbolische Freskobilder: Wissenschaft, Kunst, Handel und Gewerbe (Maler Groß). Über dem Eingang zur Bibliothek das Georgii'sche Familienwappen. Im Bibliothekzimmer ist das Bild Peters des Großen als Schiffszimmermann, im anstoßenden Lesezimmer die Bilder von verdienten Calwer Männern um das Bild Valentin Andreaes gruppiert. Im mittleren Stock ist ein großer Saal zum Zeichnen und zu Vorträgen. Im dritten Stock ein Saal für eine permanente Gewerbeausstellung bestimmt. Der Erbauer ist Oberbaurat v. Egle.

Vom Georgenäum gehen wir in die Stadt bergabwärts und kommen unter der offenen Fruchthalle des Rathauses hindurch auf den Markplatz. Der massive Unterstock des Rathauses trägt die Jahrzahl 1673, er blieb beim Brande 1692 stehen. Neben dem Rathaus ist noch ein altes, steinernes Haus (Stadtrat Lörcher). In dieser Häuserreihe steht am Eck gegen die Kirche die Oberamtei; auf der andern Seite der Kirche das zweite Haus, das Dekanatshaus. Oben an der Kirche folgen nacheinander deutsche Schule, lateinische Schule, Diakonatshaus.

Die Kirche ist 1634 und 1692 niedergebrannt. Der Chor mit schönen gotischen Fenstern und die Sakristei mit schönem Netzgewölbe, sowie die Vorhalle mit Petrus auf dem Schlusssteine sind älter als das Schiff. Vor dem Chor der Kirche stehen zwei schöne Linden. Zu diesem Vorplatz führt eine breite, steinerne Treppe mit 12 Stufen vom Marktplatz herauf.

Auf dem großen Marktplatz sehen wir zwei Brunnen. Zunächst beim dem oberen Brunnen steht das Dr. Schüzsche Haus. Für Botaniker ist der hinter dem Haus gelegene Garten interessant, da in demselben besonders die Schwarzwald- und Alpenflora vertreten ist. Auf dem Platz dieses Gartens soll früher ein Nonnenkloster gestanden sein. Auf der östlichen, langen Seite des Marktplatzes stehen die beiden Apotheken, das Oberamtsgericht und viele Kaufläden.

Vom Marktplatz gehen wir durch das Biergässchen in die Ledergasse hinab, welche uns weiter zur untern Brücke führt. Auf dieser kommen wir zur Turnhalle und Gewerbeausstellung. Wir können aber auch zuvor noch einen Umweg machen, und durch die Inselgasse hinab zur Kunstmühle von Reichert und zum neu erbauten Schützenhaus gehen. Weiter unten folgt die Gasfabrik (erste größere Anlage von Petroleum-Gas mit dem unbedingt schönsten Licht.)

Noch weiter kommen wir zur Doertenbachschen Villa mit schönen, bis in den Wald reichenden Gartenanlagen.

Zurück führt uns der Weg auf die Insel, auf welcher die großen, neu erbauten Gebäude der

Wolldeckenfabrik der alten Firma von Schill u. Wagner stehen, der Nachfolgerin der früheren Handelskompagnie.

Hier stehen wir unter der alten Burg der Grafen von Calw. An der Stelle derselben wollte Herzog Friedrich I. (1557-1608) ein großartiges Schloss bauen; er ließ das frühere Schloss abbrechen und legte 1606 den Grundstein für ein neues Schloss, das nach einem Plan des berühmten Baumeisters Heinrich Schickhardt gebaut werden und ein längliches Viereck bilden sollte. Es wurden aber nicht weiter als die Grundmauern gebaut, welche noch stehen.

Endlich gehen wir durch die große Menge von Fabrikgebäuden zur unteren Brücke, welche uns auf das rechte Nagoldufer führt. Hier haben wir gerade vor uns den badischen Hof von Thudium, links den Brühl, eine Allee von Linden und Kastanien, rechts die Turnhalle mit dem Ausstellungsgebäude. Die Gewerbeausstellung gibt uns hier ein Bild des gegenwärtigen Standes von Handel und Gewerbe in den drei Bezirken Calw, Leonberg, Nagold. Hier sind wir auch schon auf dem Weg nach Hirsau, und wir dürfen Calw nicht verlassen, ohne Hirsau gesehen zu haben. Doch lassen wir des Zusammenhangs wegen vollends die Beschreibung von Calw folgen.

Von der Turnhalle zum Bahnhof kehren wir auf dem rechten Nagoldufer den Bischof entlang (so heißt die an der Nagold hinführende Straße der Vorstadt) zurück. Wir kommen links an dem Steinhaus mit Kreuzgewölben, dann am Stälinschen Haus vorüber und haben zur Rechten den Weinsteg zwischen der unteren und oberen Brücke.

Sodann folgt rechts die Stelle, wo bei der großen Überschwemmung am 1. August 1851 mehrere Häuser vom Wasser untergraben und fortgerissen wurden und 9 Personen ertranken. Am Ende des Bischofs an der oberen Brücke steht links die Vereinsbuchhandlung und daneben die bisherige Post, rechts das Seegersche Haus, wo unten das Landwehrbezirkskommando seine Kanzlei hat und der Gasthof zum Waldhorn. Besondere Aufmerksamkeit verdient hier noch die Nikolauskapelle, auf der oberen Brücke, eines der wenigen Denkmale aus alter Zeit. Die Kapelle war lange vernachlässigt worden, ist aber nun in den letzten Jahren durch einen Verein restauriert worden, und verdient auch im Innern angesehen zu werden. Die ältere Kapelle wurde von Papst Leo IX. 1049 geweiht, welcher damals auch die frühere Kirche in Althengstett weihte. Die jetzige Kapelle stammt aus dem Ende des 14. oder Anfang des 15. Jahrhunderts. Wir sehen von außen die spitzbogigen Türe und Fenster gepaart und mit Kleeblattfüllung, an der vorderen Giebelseite ein Fratzen- und ein Frauengesicht, zwei Nischen mit Petrus und Paulus. Auf dem Giebel steht eine überaus zierlich gearbeitete Spitzsäule, ein Türmchen mit drei kleinen Figuren, Äbten oder Bischöfen. Das Innere bildet einen kleinen Chor mit fünf Fenstern und achteckigem Abschluss. Von acht Konsolen, teils Menschengesichter, teils Wappenschilde, gehen acht Gurten zu der flachen Decke, deren Schlussstein eine Rosette bildet. Die alten Freskomalereien, deren Spuren kaum noch erkennbar waren, (Nikolaus, der Patron der Schiffer gibt drei armen Jungfrauen drei goldene Äpfel; die heilige Elisabeth und heilige Katharina) sind von Maler Pilgram restauriert worden. Die Kapelle selbst wurde von Architekt Beisbarth restauriert.

Auf der Brücke stehend sehen wir Flussaufwärts auf der linken Seite die äußere Mühle. Hier wurde Ulrich Rühlein von Calbe 1465 geboren. Rühlein war ein Humanist, Arzt, Mathematiker, Montanwissenschaftler, Geodät, Städtebauer und Astrologe in Freiberg Sachsen.

Von der Brücke kehren wir aus dem rechten Ufer zum Bahnhof zurück und sehen uns dabei den

Ziegelbach - Viadukt, unter welchem die Straße nach Althengstett bergauf führt von unten an.

Hirsau, evangelisches Pfarrdorf mit 887 Einwohnern. Ruine des berühmten Benediktinerklosters. Wir folgen vom Brühl der Pforzheimer- oder Wilhelmstraße, und kommen zuerst rechts am Kirchhof, dann am Stälinschen Garten und von Stälin gebaute Villa vorüber.

Christoph Friedrich Stälin

Bei Hirsau selbst sehen wir die großartigen Werke der Bahn im Tälesbach.

Die untere Linie ist die Pforzheimer Bahn, unter welcher der Tälesbach unmittelbar vor Hirsau unter einem schönem Durchlass fließt. Für diese Linie erhält Hirsau eine Station. Wir folgen der Straße weiter, bis sie sich unter einem rechten Winkel nach links wendet.

Hier steht ein altes Gebäude, jetzt das Magazin der Zahnschen Saffianfabrik, einst aber die Aureliuskirche, erbaut 830 von Graf Erlafried von Calw im alten Basilikenstil, wiederhergestellt im Jahr 1060 von Graf Adelbert von Calw auf Betrieb des Papstes Leo IX. Im Jahr 1584 wurde der größte Teil derselben auf Befehl des Herzogs abgebrochen. Nur der westliche Teil blieb stehen, und wurde später zu einem Magazin eingerichtet. In diesem Rest der

Ortsansicht Hirsau mit der Klosterruine. Um 1870.

Kirche stehen noch zwei Säulenreihen von je fünf Säulen, und zwar je 3 eigentlichen Säulen und zwei Wandpfeilern. Diese fünf Säulen sind durch vier Halbkreisbögen verbunden und tragen so die beiden Seitenwände des Hauptschiffes. Die runden Säulen haben den attischen Fuß mit vier Blättern auf den vier Ecken der untersten Platte. Das Kapitäl ist das würfelförmige, mit einem Bande geschmückt. Für den Altertumsforscher ist diese Kirche, als eine der ältesten im Lande, von großem Interesse. An der nordöstlichen Ecke der Kirche lehnt sich ein Gebäude an, das nach der Sage das alte Klostergebäude gewesen sein soll. Für sein hohes Alter spricht jedenfalls eine über dem ersten Stockwerk sich hinziehende Wulst. An der Vorderseite ist eine sehr alte Steinplatte mit dem Bild eines Bischofs oder Abts eingemauert. Dieser Teil von Hirsau heißt der Viehhof und hat seinen Namen von den Ökonomiegebäuden, welche hier Abt Bernhard 1482 für das Kloster anlegte.

Wir wenden nun unsre Blicke, ehe wir zur Brücke kommen, nach einem andern Teil von Hirsau, nach der Pletschenau, welche uns zur Rechten, zwischen dem Berg und der Nagold liegt. Dort ist auch der Kirchhof des Ortes. Diese Pletschenau, welche die ursprüngliche Kirchengemeinde war, ist besonders durch zwei Sagen merkwürdig. *Hier soll Helizena, eine Edelfrau von Calw, das erste Kloster 645 gestiftet haben. Diese fromme Witwe hatte einen Traum, in welchem sie ermahnt wird, ein Kloster zu gründen, und zwar an einem Ort, wo drei Fichtenstämme aus einem Stamme emporsteigen. Des Morgens geht sie mit ihren Dienern hinaus und findet einen solchen Ort. Hier erbaut sie eine Kirche zu Ehren des heiligen Nazarius mit reicher Güterausstattung, und kleidet sich selbst als Nonne ein.*

Eine weitere Sage knüpft sich an die in der Pletschenau stehende Mühle. *In ihr soll Kaiser Heinrich III., der Schwarze, geboren sein. Kaiser Konrad II. (der wirkliche Vater des nach der Wahrheit in Geldern geborenen Heinrichs III.) übernachtete bei einer Jagd in der Mühle in der Pletschenau. Halb träumend hört er eine Stimme: das in dieser Nacht geborene Knäblein wird dein Nachfolger sein. Es war nämlich, ehe der Kaiser in die Mühle kam, ein Graf von Calw mit seiner Frau in diese Mühle geflüchtet, weil er als Landfriedensstörer den Zorn des Kaisers fürchtete. Und gerade in dieser Nacht gebar die Gräfin einen Sohn. Um des Traumes willen gab der Kaiser den Befehl, das Knäblein, welches er für das Kind eines Bauernweibes hielt, zu töten. Das Kind wurde aber nicht getötet, sondern im Walde ausgesetzt, wo es von einem Herzog von Schwaben gefunden und an Kindesstatt angenommen wurde. Durch wunderbare Verkettung der Umstände geschah es, dass der Kaiser später diesem zum Jüngling herangewachsenen Herzogssohn seine Tochter zur Frau gab, und so bekam derselbe die Anwartschaft auf den Kaiserthron.*

Vom Viehhof und von der Pletschenau wenden wir nun unsre Blicke nach dem Schloss mit der berühmten Ulme und nach dem hohen, schlanken Turm, der uns der Wegweiser zu den Klosterruinen ist. Wir gehen über die alte Brücke, an welcher 1561 die drei Schwibbögen gegen dem Kloster neu gemacht wurden. Nach der Brücke teilt sich die Straße, rechts nach Pforzheim, links dem Berge zu nach Calmbach und Wildbad. Wir folgen der letzteren und kommen an das Kameralamts Gebäude, über dessen Tor zwei große Hirsche gemalt sind, zwischen beiden ist das württembergische Wappen und das Klosterwappen: ein Hirsch mit einem Abtsstab zwischen den Vorderfüßen. Dies erinnert uns auch an die gewöhnliche Ableitung des Namens Hirsau von Hirsch, altdeutsch Hirz und Hirß. Unwahrscheinlich ist die Ableitung von Hirse. Unter dem Eingange rechts ist das Torstübchen, in welchem der Kameralamts Diener wohnt, der den Schlüssel zur Ruine hat. Wir gehen den Schlossberg hinauf und treten durch den achteckigen Turm mit der Jahr Zahl 1592 ein. Auf demselben sind Uhr und Glocken der Gemeinde Hirsau.

Nun kommen wir zuerst an das Schlossgebäude. Dieses wurde vor 300 Jahren von Herzog Christoph und Ludwig im Renaissancestil an der Stelle der alten Abtei erbaut, daher auch Prälatur genannt. In dem Schloss starb Herzog Wilhelm Ludwig 23. Juni 1677, 30 Jahre alt, nach 3jähnger Regierung. Er hatte von hier aus den Sauerbrunnen in Liebenzell gebraucht und bekam auf dem Weg zwischen Hirsau und Liebenzell einen Anfall von Kolik, an welchem er nach zwei Tagen starb. Von dem 1692 durch die Franzosen verbrannten Schloss steht noch ein runder Turm mit steinerner Wendeltreppe. Dieser steht durch eine Mauerwand mit der eigentlichen Schlossruine in Verbindung. Zwischen den vier hohen Wänden des Schlosses erhebt sich die Ulme 100′ hoch und vertritt mit ihrer Krone die Stelle des Daches. Neben ihr steht eine junge Ulme und dringt mit ihrem Gipfel in die Neste der Mutter hinein. Einer zweiten Tochter ist es zu eng geworden; sie steht mit der Wurzel innerhalb des Schlossraums, der Stamm erhebt sich außerhalb. Unten sind noch Keller, zu welchen zwei Eingänge führen. Auf den rund ausgehauenen Doppelgiebeln stehen drei Kugeln mit Fähnlein, die vierte fehlt. Um das

Schloss vor Zerfall zu schützen, wurde dasselbe von der Königlichen Finanzverwaltung mit starken, eisernen Schienen umschlossen.

Wir gehen nun weiter zu den Klostergebäuden. Der Weg führt uns über den Kellerbuckel, auf welchem verschiedene Waldbäume stehen, durch den Pfarrgrasgarten zur Pfarrkirche von Hirsau, der früheren Marienkapelle. Diese wurde 1508-16 von Abt Johann II. gebaut. An der Sakristei derselben stehen die Grabsteine des heil. Aurelius und des Grafen Erlafried von Calw, zwei wichtige Grabsteine, welchen ein geschützterer Platz etwa in der Kirche selbst zu wünschen wäre.

Aurelius, ein geborener Deutscher, war im Jahr 361 Bischof zu Redizia in Armenien. Von da machte er eine Reise nach Mailand und starb 383 in den Armen des heiligen Ambrosius. In Mailand ruhte sein Leichnam 450 Jahre in einer Kirche, bis der Bischof Rottung von Vercelli, ein Bruder oder Sohn des Grafen Erlafried von Calw seine Gebeine nach Vercelli brachte. Aber auch hier sollte er nicht seine bleibende Ruhe finden. Bischof Rottung von Vercelli lud die Gebeine auf ein Saumroß und brachte sie wohlbehalten über die Alpen nach Calw. Er bewog nun den Grafen Erlafried, zu Ehren des Aurelius ein Kloster zu stiften 830-38, wo dann die Gebeine beigesetzt wurden. Das Kloster wurde an der Stelle gegründet, wo ein Blinder durch Anrufung des Aurelius beim Vorübertragen seiner Gebeine das Augenlicht wieder bekam. Nach der Reformation kamen die Gebeine des Aurelius durch den Grafen von Herrenzimmern auf dessen Schloss, von da nach Hechingen und endlich 1690 in das Kloster Zwiefalten, wo noch jetzt sein Haupt und Gebein aufbewahrt wird.
Wir betrachten nun den Grabstein. Auf demselben ist in halb erhabener Arbeit Aurelius mit der Bischofsmütze und dem Krummstab, das Gesicht gegen den Beschauer gerichtet, abgebildet. Das obere Stück des zersprungenen Steines ist stark beschädigt. Auf den vier Seiten steht die Inschrift:

> Anno benignitatis oetingentesimo tricesimo,
> almi Praesulis Aurelii
> venerando corpore de Italia
> translato est eidem Hirsaugia
> suscibiendo fundata.

„Im Jahr der Gnade 830, als des ehrwürdigen Bischofs Aurelius heiliger Leib aus Italien gebracht wurde, ist zu dessen Aufnahme Hirsau gegründet worden." Nach der Schrift zu schließen, mag der Stein aus dem 11. Jahrhundert stammen, etwa aus der Zeit, da die Aurelius Kirche von Graf Adelbert wieder hergestellt wurde. Der Stein wurde 1584 aus der Aurelius Kirche in die Peterskirche hinter den Hochaltar versetzt. Bei der Zerstörung kam der Stein unter den Schutt der Kirche und wurde 100 Jahre später wieder ausgegraben.
Der andere Grabstein ist vom Grafen Erlafrid von Calw, dem Stifter des ersten Klosters, gestorben als Mönch 850 in Hirsau. Auf seinem Grabstein ist das Wappen der Grafen von Calw, auf dem Helm ein kahler Löwe (Ieo calvus) auf drei Bergspitzen laufend. Im Schild ebenso, nur etwas größer. Zwei sehr beschädigte Engel mit fein gearbeiteten Flügeln tragen das Wappen in ihren Händen. Die Inschrift beginnt oben und ist unten abgebrochen. Sie lautete vollständig:

> Ab incarnatione Chrisi anno
> octingentesimo XXX fundatum est hoe monasterium,
> a generoso domino Erlafrido, comite de
> Calw, cujus depostitoagitur IV Cal. Februarii.

„Nach der Menschwerdung Christi 830 ist dieses Kloster gegründet worden von dem Edlen, Erlafrid, Grafen von Calw, dessen Beisetzung geschah am 29. Januar". Nach der Schrift (gotische Minuskeln, Mönchsschrift) mag der Stein aus dem 15. Jahrhundert stammen, und entweder von Abt Bernhard 1460–82 oder vom Abt Blasius 1484–1503 gesetzt worden sein. Beide verwendeten viel Geld im Bauwesen, vor allem Blasius, er baute die steinerne Abtei, drei Seiten des Kreuzganges und den Brunnen und ließ den Kreuzgang mit gemalten Fenstern schmücken. Auch war es der Abt Blasius, der 1488 die Gebeine des heiligen Aurelius unter großer Feierlichkeit aus seinem Sarge nahm und an einem trockeneren Ort niederlegte.
Im Jahr 1499 brachte er die Gebeine wieder in den Sarg hinter dem Hochaltar der Aurelius Kirche, wo sie früher gelegen, und ließ den Ort prächtig auszieren. Demnach ist wahrscheinlich, dass er auch für das Gedächtnis des ersten Stifters des Klosters, des Grafen Erlafrid, besorgt war und ihm diesen Grabstein setzte. Der Grabstein wurde 1566 aus der Aurelius Kirche in die Peterskirche versetzt und 1796

auf dem Boden derselben ausgegraben. Von den Grabsteinen wenden wir uns am Klosterkarzer vorüber zu dem naheliegenden Belvedere. Die Aussicht gibt uns zugleich ein geschichtliches Bild von Hirsau nach den drei Zeiten der Klosterstiftung. Wir erblicken nämlich gerade gegenüber die Pletschenau, den ältesten Teil von Hirsau, wo einst Helizena die Nazariuskapelle erbaute. Dort sehen wir auch die Mühle, an welche sich die Sage von Heinrich III. knüpft.

Weiter zur Rechten erblicken wir den Viehhof, d. h. die Häusergruppe, in welcher die Aurelius Kirche, das alte Gebäude mit vielen Dachläden steht. Diese Gruppe erinnert uns an die Stiftung des Klosters durch Graf Erlafrid im Jahr 830. Und endlich unsre nächste Umgebung, die Ruine hinter uns, die Kirche neben uns, geben ein Bild der dritten Periode des Klosters vom 11. Jahrhundert an. Vom Belvedere kehren wir zurück und richten unsere Blicke auf die Pfarrkirche, von Abt Johann II. 1508-1516 im spätgotischen Stil gebaut. Das Eigentümliche des Gebäudes fällt schon von außen auf, nämlich dass sie ein zweites Stockwerk mit besondern Fenstern hat. In diesem oberen Stockwerk ist der alte Conventsaal, auch Bibliotheksaal genannt.

Wir gehen die außen angebrachte, zur Emporkirche führende Treppe hinauf und blicken von der Empore herab in die Kirche. Die Fenster sind dreiteilig. An den Seitenwänden sind 12 Wandpfeiler mit den Brustbildern der 12 Apostel. Auf diesen ruhte früher ein steinernes Gewölbe, an dessen Stelle aber jetzt eine hölzerne Decke gekommen ist. Gehen wir noch eine Treppe höher, so können wir durch eine eiserne Tür notdürftig in den Conventsaal blicken. In demselben stehen noch die alten Bücherkästen, aber leider nicht mehr mit den Büchern der berühmten Bibliothek, sondern mit Akten gefüllt, daher das Kameralamt den Schlüssel zu diesem Saal hat. Die einst hier befindliche Bibliothek wurde gegründet von Wilhelm, dem bedeutendsten Abt des Klosters, gestorben 1091. Er war in jeder Beziehung ausgezeichnet, durch Frömmigkeit wie durch Gelehrsamkeit, durch praktisches Geschick wie durch organisatorische Tätigkeit.

Er erbaute 8 Klöster, darunter das neue Kloster mit der Peterskirche in Hirsau, die Klöster St. Georgen, Erfurt, Zwiefalten, Weilheim u. T. und andere. Auch brachte er viele verdorbene Klöster wieder in guten Stand, daher er ein eigentlicher Reformator des Benediktinerordens wurde. In seinem Kloster beschäftigte er 12 Mönche mit Abschreiben von Büchern. Auch einige seiner Nachfolger waren für die Vermehrung der Bibliothek bemüht. Leider ist aber sehr wenig mehr von derselben vorhanden.

Den größten Verlust erlitt die Bibliothek am Schluss des 30jährigen Krieges, als der katholische Abt Wunibald nach dem Abschluss des westfälischen Friedens von Hirsau flüchtete und Handschriften, Urkunden und Lagerbücher mitnahm. Er ließ sich auf dem Weingartenschen Schloss Blumeneck nieder, und als bald darauf dies Schloss niederbrannte, verbrannte auch alles, was er mitgebracht hatte. Was etwa noch in Hirsau zurückgeblieben war, fand seinen Untergang bei der Zerstörung des Klosters.

Wir betrachten nun den vom Kloster allein noch übrigen Kreuzgang. Dieser bildet in der Hauptsache ein Viereck. Um dies Viereck stand das eigentliche Kloster. Auf jeder Seite des Kreuzgangs sind 10 Fenster, welche teils ganz ausgebrochen sind, teils noch das Maßwerk und die dreifache Teilung zeigen. In den 40 Fenstern waren einst schöne Glasgemälde. Martin Crusius hat uns die Beschreibung von 30 derselben hinterlassen. Jedes Fenster hatte in der Mitte ein Bild aus dem Leben Jesu, rechts und links eine alttestamentliche, darauf bezügliche Geschichte. Bemerkenswert ist, dass gegen die Pfarrkirche hin, wo der Kreuzgang doppelseitig ist, die eine Seite Rundbogen Fenster hat, wie der noch stehende, romanische Turm an seinen drei oberen Stockwerken, also aus älterer Zeit stammt. Als nach der Reformation das Kloster in eine evangelische Klosterschule umgewandelt wurde, diente dieser Kreuzgang den jungen Studenten zum Aufenthalt in ihren Freistunden. Daneben waren ihre Schlafstuben, daher der Name Dorment für diesen Kreuzgang. In dem Garten des Kreuzganges stand ein Springbrunnen mit drei Becken übereinander. Um denselben waren Pfeiler mit Fenstergestellen und gleichfalls gemalten Fenstern. Zwölf Bilder aus dem Alten und Neuen Testament, von Brunnen handelnd, waren darauf gemalt. Die zwei oberen Schalen des Brunnens stehen in Teinach. Die untere Schale des Brunnens, 2 Meter im Durchmesser, sehen wir an dem Brunnen neben dem Pfarrhause, an welchem wir jetzt vorüberkommen, um auch noch die Reste der Peterskirche zu sehen.

Diese Kirche wurde im romanischen Stil, in Form eines lateinischen Kreuzes, von dem vorhin genannten Abt Wilhelm 1083-91 gebaut und am 2. Mai zu Ehren Jesu Christi und der heil. Apostel Petrus und Paulus eingeweiht. Die ganze Länge betrug 241', die Breite des Mittelschiffes, des Chorabschlusses und der Kreuzarme 36', die Breite der Seitenschiffe 18'. Zwei Säulenreihen von je 7 Säulen trennten das Mittelschiff und die Seitenschiffe, jede Säule war aus einem Stein gefertigt. Auf der Westseite standen zwei Türme nebeneinander. Von den zwei Türmen ist einer erhalten, seine Grundfläche hat 19,5' (5,6 m.) in Quadrat. Die Höhe beträgt etwas über 100' (30 m.).

An den zwei unteren Stockwerken sehen wir verschiedene Rundbogenverzierungen, an den drei oberen gedoppelte Rundbogenfenster und unter dem Dache am Gesimse des obersten Stockwerks zieht sich die sogen, griechische Verzierung hin, eine Reihe halber Kreisbögen, die auf kleinen Tragsteinen ruhen. Auf dem Gesimse des zweiten Stockwerks läuft eine Reihe roh gearbeiteter Figuren um den Turm, deren Deutung zweifelhaft ist. 1. Gegen Norden ein Mönch mit geschorenem Haupt, ein Rad, ein Bock und eine kleine Menschengestalt, zu beiden Seiten Löwen. 2. Gegen Westen ein Mann, welcher kniet und seine rechte Hand vor die Augen hält (ein Blinder), rechts und links Hirsche, dann Löwen. 3. Gegen Süden ein sitzender Arbeiter in Laientracht mit lockigem Haupthaar (sogen. Oblate) der mit beiden Händen den mittleren Pfeiler trägt. Hirsche und Löwen sind wieder zu beiden Seiten. Die 8 Löwen, von welchen je zwei an den Ecken mit ihren Köpfen zusammenhängen, beziehen sich ohne Zweifel auf die Grafen von Calw, welche den Löwen im Wappen haben. Die Hirsche bezeichnen Hirsau. Nach Krieg von Hochfelden wäre die freie Übersetzung dieser Hieroglyphenschrift: „Das Kloster Hirsau, durch die Grafen von Calw gestiftet und mit Leuten (kleine Menschengestalt), Äckern (Rad) und Herden (Bock) begabt, erbaute diese Kirche durch seine Mönche und Oblaten an jener Stelle, wo der heilige Antonius dem Blinden das Angesicht wieder gab."

Der Turm hat im untern Teil eine gut erhaltene Wendeltreppe, weiter hinauf eine hölzerne, von der königlichen Regierung 1839 angelegte Treppe. Oben hat man einen schönen Überblick über das Hirsauer Tal und über das Seitental des Schweinbachs, durch welches die Straße nach Calmbach und Wildbad bergan führt. In diesem Tal liegt die Löffelfabrik von Beeri (Löffel von Eisen und verzinnt).

An der Straße nach Liebenzell und Pforzheim liegt die Ziegelei von Horlacher, weiterhin sehen wir Ernstmühl.

Wir betrachten nun, was vom Schiff der Peterskirche noch übrig ist. Zur Linken steht die nördliche Mauer noch 7-10' (2-3 m.) hoch, zur Rechten die südliche Mauer nur noch 2-3'. Vor uns haben wir den viereckigen Chorabschluss auch noch in der Höhe der nördlichen Mauer. Auch die kurzen Kreuzarme, namentlich den nördlichen erkennen wir noch, an demselben waren zwei rundbogige Eingänge, die besonders von außen (vom Pfarrgarten) zu betrachten sind. Dort sieht man auch den Sockel und ein Stück vom Gesimse.

Zwischen dem nördlichen Kreuzarm und dem Chorabschluss steht die Ruine einer angebauten Kapelle, die vom Hauptbau wohl zu unterscheiden ist. Es ist die Kapelle des Riesen, in welcher die ledernen Kleider eines Riesen und dessen Stab, bestehend in einem runden Balken, aufbewahrt wurden. Die Kapelle, mit achteckigem Chorabschluss, wurde im 14. Jahrhundert gebaut. Endlich bemerken wir noch an der Stelle, wo der Hochaltar der Peterskirche stand, eine viereckige Ummauerung mit Falltüre. Hier ist eine Gruft, in welcher die Gebeine, die im Jahr 1835 beim Aufräumen des Schuttes gefunden worden, in einem Sarge beisammen liegen. Die Grabsteine, welche damals gefunden wurden, stehen nebeneinander an der Pfarrkirche, es sind zum Teil Wappen auf denselben, 5 Sterne, eine Lilie, ein Menschenkopf. Dass diese Stätte vergangener Herrlichkeit schon mehrfach besungen worden, ist bekannt. Wir erinnern nur an Ludwig Uhlands Gedicht:

Zu Hirsau in den Trümmern.

Da wiegt ein Ulmenbaum
Frisch grünend seine Krone,
Hoch über'm Giebelsaum.

Er wurzelt tief im Grunde
Vom alten Klosterbau ;
Er wölbt sich, statt des Daches,
Hinaus ins Himmelsblau.

3. Calw bis Nagold. Die Bahn im Schwarzwald.

(5 Stunden)

Die Bahn läuft ganz im Nagoldtal, von Nord nach Süd. An den steil ansteigenden Ufern sehen wir die dunkeln Tannenwälder, bisweilen tritt der bunte Sandstein, auf dem diese Tannenwälder stehen, zu Tag. Bei Nagold kommen wir wieder in den Muschelkalk.

Die Bahn läuft in der Hauptsache auf dem rechten, östlichen Ufer, geht aber dreimal auf das linke Ufer über, um die starken Krümmungen der Nagold abzuschneiden, daher sechs Nagoldbrücken. Auch waren um dieser Krümmungen willen fünf Tunnel nötig. Ferner musste das Bett der Nagold zehnmal verlegt werden. Anfangs geht die Bahn eben, steigt in der Mitte etwas, gegen das Ende stärker, im Ganzen von 1205' (Calw) – 1472' (Nagold).

Beim Abfahren vom Bahnhof in Calw sehen wir rechts im Tal die Wöhrlesche Wollspinnerei Fabrik, fahren sodann über die erste Nagoldbrücke, 180' (51,5 m.) auf 2 Ortpfeilern, blicken dabei links nach Tanneneck, Baumwollspinnerei von Stälin und Sohn, an der Calw- Nagolder-Straße liegend.

Gleich nach der Brücke folgt der Rudersberger Tunnel, in welchem die Bahn ein wenig steigt. Von der alten Burg Rudersberg, unter welcher wir durchfahren, ist nur noch ein Graben übrig. Der Tunnel führt durch den bunten Sandstein und ist 1665' (477 m.) lang, der längste im Nagoldtal. Sobald wir das Tageslicht wieder erblicken, führt unmittelbar vom Tunnel aus eine 474' (135,8 m.) lange Brücke mit zwei Zwischenpfeilern und drei Öffnungen von je 150' lichter Weite über die Straße und über die Nagold. Die Pfeiler liegen parallel mit der Stromrichtung, unter einem Winkel von 45° zur Bahnachse. Die Höhe über der Nagold beträgt 35' (10 m.). Den Oberbau bilden eiserne Gitterbalken. Die Brücke ist wie die andern eisernen Brücken der Schwarzwaldbahn aus der Eßlinger Maschinenfabrik.

Von der Brücke aus sehen wir links die zweite größere Baumwollspinnerei von Stälin und Sohn auf Stammheimer Markung stehend. Dieselbe bietet nachts bei Beleuchtung, auf dem Hintergrund der dunklen Tannenwälder, einen prächtigen Anblick. Rechts erblicken wir in unscheinbarer Gestalt ein Kirchlein, das durch sein hohes Alter berühmt ist, die Kentheimer Kirche, ursprünglich dem heiligen

Candidus geweiht, daher der Name des Dörfleins **Kentheim**. Die

Kirche stammt aus der ersten romanischen Zeit, was man von der Bahn aus an den fünf kleinen, rundbogigen Fenstern der Südseite bemerken kann. Auch von den spätem gotischen Veränderungen kann man etwas sehen, nämlich die spitzbogige Tür und das Kreuz auf dem Giebel des Langhauses. Für Altertumsfreunde, welche die Kirche auch im Innern sehen wollen, fügen wir noch weiter bei: Zum Innern des Langhauses sind an der nördlichen Wand Reste frühester Malerkunst, welche schon übertüncht waren und nun wieder aufgedeckt sind. Im Langhaus stehen ferner ein runder, hohler Taufstein, durch seine Größe sprichwörtlich geworden, zu beiden Seiten zwei Altäre.

Auf dem Boden einige Grabsteine, darunter ein Leutpriester Klenk von Zavelstein 1501. Ein spitzbogiger Triumphbogen führt vom Langhaus in den Chor. Im Chor mit Tonnengewölbe sind ebenfalls Freskobilder im romanischen Geschmack noch deutlicher sichtbar; und zwar über dem Chorbogen die Verkündigung Mariä mit Spruchbändern, am Gewölbe Christus auf doppeltem Regenbogen, in den vier Ecken die Symbole der vier Evangelisten, an der östlichen Wand Christus mit erhobener Rechten und zwei männliche Gestalten, Moses und Johannes. In der Sakristei mit Tonnengewölbe ein alter Altartisch.

Außerhalb der Kirche ist noch zu beachten: Am Eingang zwei Weihkessel. In der Kirchhofmauer eine rundbogige Nische mit Altar. An der äußeren nördlichen Wand der Kirche gegen die Straße Spuren von Freskobildern: Christus am Kreuz, zu beiden Seiten je zwei Figuren. An der Sakristei uralte Fratzenköpfe.

Bald nach der Kentheimer Brücke führt die Bahn über eine kürzere Brücke, die Kanalbrücke, sodann zieht sie sich am Fuß der bewaldeten Bergabhänge hin, wobei wir am Kentheimer Anschnitt mit 130' und am Dickener Anschnitt mit 100' Höhe vorüber kommen. Der letztere hat seinen Namen vom Hof Dicke, welcher auf der Höhe liegt. Auf dieser Strecke von Kentheim bis Teinach war es, wo der

Sturm vom 26. Oktober 1870 in den Tannenwäldern, namentlich zur Linken auf dem östlichen Ufer, schrecklich gewütet und die Tannen stellenweise wie Gras niedermähte, dass sie teils entwurzelt, teils gebrochen übereinander lagen. Bald öffnet sich rechts, auf dem westlichen Ufer, ein Tal, durch welches die Teinach, ein kleines Wasser, der Nagold zufließt. Beim Einfluss in die Nagold, bei der sogenannten Herrschaftsbrücke steht die Station Teinach.

Die Station Teinach

Der Ort mit 411 Einwohnern, Filial von **Zavelstein**, ist eine starke halbe Stunde aufwärts im Tal gelegen und als Bad berühmt. Ein Omnibus führt von der Station zum Ort. Das liebliche Schwarzwaldtal zeigt uns bald im Hintergrund die ansehnlichen Ruinen der Burg Zavelstein. Wir gehen durch das Dorf hindurch und kommen am Ende desselben zu dem „Königlichen Bad". Dies besteht aus einem Komplex von 11, meist durch Glasgänge verbundenen Gebäuden.

In der Kirche, 1665 unter Herzog Eberhard III. gebaut, ist der Altarschrank merkwürdig, die sogenannte Turris Antonia, ein kabbalistisches, von der Prinzessin Antonia gestiftetes Gemälde. Es stellt vor die Dreieinigkeit, die sieben Geister Gottes und Christus. Über dem Mittelbild steht hebräisch Ps.37,4: „Habe deine Lust an dem Herrn, der wird dir geben, was dein Herz wünschet". Unter demselben ebenfalls hebräisch der Name der Stifterin und die Zahl 2,005, welche kabbalistisch den Namen der Prinzessin bedeutet.

Ferner werden hier zwei schöne, gotische Brunnenaufsätze von dem oben beschriebenen Brunnen in Hirsau aufbewahrt. Auch der Dorfbrunnen des Orts stammt vom Kloster Hirsau. Eine genauere Beschreibung von Teinach und Zavelstein unterlassen wir, da ein besonderes Schriftchen: Das Königliche Bad Teinach von Dr. Wurm, Badearzt, zur Eröffnung der Bahn in 3. Auflage erschienen ist. Dasselbe wird jedem Reisenden von dem Besitzer des Bades, Buchhändler Karl Hoffmann, unentgeltlich gegeben. In

Calw.

Einladung.

Da es in Folge des Angriffs des Eisenbahnbaues durchs Nagoldthal dringen[d] geboten erscheint, die Frage zur Erörterung zu bringen, was zur Verbesserung der zu[r] Eisenbahnlinie führenden Nachbarschaftswege geschehen sollte, so ergeht an Alle, welch[e] sich für die Verbesserung des Straßenzugs von Neuweiler nach Teinach interessiren die Einladung, sich zur Besprechung der Sache am

Sonntag, den 22. d. M., Nachmittags 2 Uhr,

in der Krone zu Teinach einzufinden.

Die Ortsvorsteher der betheiligten Orte werden ersucht, auf zahlreiche Theilnahme an der Versammlung hinzuwirken.

Den 6. April 1866.

Oberamtmann [illegible]

demselben sind auch vier Ansichten und eine Karte der Umgegend enthalten.

Nach der Station Teinach überschreitet die Bahn alsbald die Nagold auf eiserner Brücke mit Bogenfachwerk von 160' (45,8 m.) Länge und 60° Schiefe, führt dann in den Schlossbergtunnel 983' (281 m.) und geht nach demselben auf ähnlicher Brücke wieder über die Nagold.

Der Schlossberg bildet einen schmalen, langen Bergrücken, um welchen die Nagold in langem Bogen herumläuft. An der Wendung des Bogens liegt im Tal der Hof Waldeck, und auf der äußersten Spitze des Bergrückens die Ruine des Schlosses Waldeck, welche noch sehr bedeutend ist und einen Gang hinauf wohl lohnt. Kommt man von Westen her zu der Ruine, so trifft man noch

Tunnel durch den Schloßberg, Schauplatz der Waldeck-Sage. Um 1872.

fünf Gräben, welche nacheinander quer über den Bergrücken laufen. Der erste ist als Geigerles Lotterbett bekannt. Ein Musikant im vorigen Jahrhundert soll hier sein Nachtlager gehabt haben. Innerhalb der eigentlichen Schlossmauer stehen noch hohe Mauern von den Schlossgebäuden. Ein viereckiger Turm an der Südseite ist noch gut erhalten. Östlich von der Burg, wo der Berg abfällt, ist nur ein Graben. Die Burg gehörte den Edlen von Waldeck, welche Dienstmannen und Truchsesse der Grafen von Calw waren. Kaiser Rudolph von Habsburg zog gegen die Herren von Waldeck und zerstörte ihre fünf Burgen, weil sie den Landfrieden nicht hielten. Rudolphs Schwager, Graf Albrecht von Hohenberg, erbaute dafür eine neue Burg auf dem Schlossberg. Hören wir auch „Die Sage von Waldeck":

In alter Zeit bewohnte ein Graf mit seiner Tochter Grümhildis das Schloss Waldeck. Der Graf zog mit seinen Knechten auf den Raub aus; wenn sie einen Gefangenen heimbrachten, wurde er in den 65 Klafter tiefen Turm hinabgehaspelt, die geraubten Schätze aber wurden eine Strecke weit in den Turm hinabgelassen und dann in Seitenkammern aufbewahrt.
Eines Tags brachten sie einen Kaufmann als Gefangenen. Als dieser hinabgehaspelt war, dachte Grümhildis auf dessen Rettung. Sie band 390 Sprossen an ein Seil und darauf stieg der Gefangene aus dem Turm. Aber als er beinahe oben war, kam der Graf wieder von einem Raubzug heim. Der Kaufmann konnte sich kaum noch in ein Fass oben im Turm verstecken.
Der Graf brachte einen Gefangenen mit, der ebenfalls hinabgehaspelt wurde. In diesem erkannte der Kaufmann seinen Vater und half ihm sofort aus dem Turm heraus, als der Graf wieder fort war.
Diesmal wollte der Graf einen französischen General überfallen, der mit seiner Tochter vorüberreiste. Aber der General hatte eine Bedeckung von 12 Mann bei sich, und der Graf musste sich nach heftigem Kampf, bei dem er selbst am Arm verwundet wurde, zurückziehen, und nahm feinen Weg durch den Maulwurf, einen unterirdischen Gang, der vom Schloss bis zur Straße hinabführte. Im Schloss mündete der Gang in den Turm.
Nun waren aber im Schloss der Kaufmann und dessen Vater die Herren der Lage. Als daher der Graf bis zur Türe im Turm kam, und das Zeichen gab, dass man ihn heraufhasple, musste er mit Schrecken sehen, dass oben seine zwei letzten Gefangenen, die er längst tot glaubte, und bei ihnen seine Tochter Grümhildis, standen. Nun wurde unterhandelt. Grümhildis bat für ihren Vater. Der Kaufmann machte vor allem zur Bedingung, dass der Graf und seine Knechte ihre Waffen auf das Brett des Haspels legten, ehe einer

von ihnen heraufgezogen würde. Als dies geschehen und die Waffen sodann vom Brett in die Tiefe hinabgeschüttelt waren, zogen sie den Grafen heraus. Kaum war derselbe oben mit seinem zerschmetterten Arm angekommen, so ging ein Lärm im Maulwurf an. Der französische General war mit seinen Begleitern dem Grafen in den Maulwurf nachgegangen, und hatte nun die Knechte des Grafen erreicht.
Es entstand ein Kampf, wobei mehrere von beiden Teilen in den Turm hinabstürzten. Der General wurde nun auch heraufgezogen. Seine Tochter aber, welche mit Begleitung auf der Straße wartete, wurde über die Zugbrücke ins Schloss geholt. Indessen hatte eine alte Dienerin, welche in der gefährlichen Stunde vom Kaufmann gebunden worden war, damit sie nicht dem Grafen Hilfe leiste, von ihren Banden sich losgemacht, schlich sich in die Pulverkammer und warf Feuer in dieselbe. Mit schrecklichem Gekrach flog das Schloss in die Luft. Grümhildis, deren Kammer gerade über der Pulverkammer war, wurde tot gefunden, ebenso der Graf und der alte Kaufmann. Dagegen kam der General und seine Tochter mit dem Leben davon, ebenso der junge Kaufmann. Dieser hatte sich jedoch nur für einen Kaufmann ausgegeben, und gab sich jetzt als Graf zu erkennen. Sie packten nun miteinander die Schätze des Schlosses auf sechs Handpferde, und verbrannten die Leichname mit dem Reste des Schlosses. Wie sie weiter zogen, sahen sie aus den Flammen eine silberne Schlange mit goldener Krone aufsteigen. Noch jetzt soll Grümhildis ihre Wohnung auf Waldeck haben und als die Jungfrau im Schacht auf ihre Erlösung warten. Man habe sie schon gesehen als Jungfrau mit goldenen Haaren oder als Schlange mit glänzenden Schuppen.

Nach dem Schlossbergtunnel haben wir zur Rechten den Weiler **Kohlerstal**, Filial von **Neubulach**, von Obstbäumen umgeben. Bald darauf folgt die Bulacher- oder **Talmühle**, in welcher eine gute Wirtschaft zu treffen ist, daher von Teinach oft Ausflüge dahin gemacht werden. Auch der gleich nachher erscheinende Weiler **Seitzental** ist Filial von Neubulach.

Von hier führt durch das Ziegelbachtal ein Sträßchen nach Neubulach, Städtchen mit 619 Einwohnern, bekannt durch die in früherer Zeit betriebenen Silber- und Kupferbergwerke. Der Hauptstollen war im Ziegelbachtal. Der Bulacher Bergbau stand in seiner Blüte im 14. Jahrhundert, als Bulach kurpfälzisch war und der Bergbau besonders von Ruprecht von der Pfalz, dem nachherigen deutschen König, betrieben wurde. Seit Bulach zu Württemberg gehört, nahmen sich die Herzoge Ulrich, Christoph und Friedrich des Bulacher Bergbaues an.

Johannes Brenz weilte einige Jahre in Bulach. Im vorigen Jahrhundert und noch 1820 wurden Versuche von Bergwerksgesellschaften gemacht, es kam aber nie viel Gewinn, oft mehr Schaden heraus, und so wurde der Bergbau eingestellt. In der Nähe von Bulach sieht man noch viele verfallene Schächte und eine Menge losgebrochener Gangmasse. Kieselsandstein mit Kupferlasur, Quarz und Schwerspat Kristalle, Rauchtopase u a. liegt hier in großer Menge zu Tag. Seitzental ist der letzte Ort im Calwer Oberamt.

Wir haben nun zu beiden Seiten das Oberamt Nagold, das auf dem östlichen Ufer schon etwas früher angefangen hat. Jetzt nähern wir uns dem dritten Nagoldtunnel, vor welchem wir aber wieder die Nagold überschreiten, auf einer Brücke von 175' (50 m.) Spannung und 45° Schiefe. Der Kengeltunnel 789' (226 m.) lang führt in einer Krümmung von 1600' Halbmesser durch den Bergvorsprung. Vom Kengeltunnel bis zum Wildberger Tunnel bleibt die Bahn auf dem westlichen Nagoldufer.

Wir sehen zur Linken jenseits der Nagold ein größeres Gebäude, die Gültlinger untere Papiermühle (Pappendeckel-Fabrikation). Hier mündet das Agenbachtal, das weiter oben sich gabelt, und rechts nach dem Pfarrdorf **Sulz** und links nach dem Pfarrdorf **Gültlingen** führt. Auch eine Sägmühle steht an der Nagold. Gleich nach der Papiermühle erblicken wir einen schönen, bunten Sandsteinbruch, welcher Material zu Bauwerken, besonders zur neuen Kirche in Nagold liefert. Jetzt erscheint Wildberg auf einem Vorsprung des westlichen Ufers mit einer kleinen Vorstadt auf dem östlichen Ufer. Die Station liegt unmittelbar vor dem Tunnel. Um Raum für die Station zu gewinnen, wurde hier der Nagold, welche einen großen Bogen machte, ein kürzeres Bett angewiesen.

Station Wildberg

1287' über dem Meer. Wildberg, evangelische Stadt mit 1453 Einwohnern, früher Oberamtsstadt, jetzt Sitz eines Forstamts und Kameralamts. Die Stadt liegt auf einem schmalen Bergrücken, der von der Nagold umflossen ist.

Die Altstadt war stark befestigt und ist noch jetzt mit einer dicken Mauer umgeben. An der südlichen Ecke der Altstadt steht das Schloss, das selbst auch befestigt war. Das alte Schloss brannte 1618 ab. Auf dem stehengebliebenen Unterstock wurde das jetzige Gebäude erbaut. Die Reste des alten Schlosses zeugen von romanischem Ursprung. Bis zum Jahr 1807 wohnten die Vögte und Oberamtsleute in dem Schloss, jetzt ist es Sitz des Forstamtes.

Die Kirche stammt aus verschiedenen Zeiten, der untere Teil des Turms aus der romanischen, der Chor aus der spätgotischen; das Schiff dagegen wurde 1772 erbaut. Ein altes Gebäude ist das Rathaus mit reichem, eichenem Holzbau, 1480 gebaut. In den Fenstern der großen Ratsstube sind acht Glasgemälde, meist mit Wappen aus dem 16. Jahrhundert.

In Wildberg wurde 1865 von Ihrer Majestät der Königin Olga das Haus der Barmherzigkeit gegründet zur Aufnahme alter, gebrechlicher Leute. Dasselbe hat 25 männliche und 8 weiblichen Pfleglinge, welche Schreibhefte, Briefkuverts u. a. fertigen.

Dass in Wildberg einst eine römische Niederlassung war, dafür zeugt ein römischer Altar, welcher 1583 hier gefunden wurde und in der Königlichen Altertumssammlung in Stuttgart aufbewahrt ist. Auf den vier Seiten desselben ist Diana, Apollo, Viktoria, Silvan. Auch eine 7' hohe, männliche Statue, ein Priester mit langem Bart, kam schon 1698 von Wildberg in die Altertumssammlung nach Stuttgart.

Nach der Station Wildberg fahren wir in den Tunnel 884' (253 m.) ein und sehen bei der Ausfahrt aus demselben noch einmal Wildberg von der Südseite. Im Tal liegt zur Linken das Kameralamt Reuthin, mit einer Mauer und großem Garten umgeben.

Hier stand einst das Dominikaner-Nonnenkloster Reuthin, welches 1824 mit Kirche und allen Mobilien und Akten niederbrannte. Vom ehemaligen Kloster sind nur noch einige Grabplatten übrig. Die ältesten rühren von den Grafen von Hohenberg, den

Stiftern des Klosters, darunter Otto, gestorben 1299. Unter den Priorinnen und Nonnen waren viele adelige Fräuleins aus der Familie von Hohenberg, von Kirchberg, von Gültlingen, von Friedingen, von Ehingen u. a.

Jetzt fahren wir aus der sechsten Brücke von 175' (50 m.) Spannung und 45 °Schiefe über die Nagold und bleiben nun vollends auf dem östlichen Ufer. Von diesem Ufer erstreckt sich ein schmaler Ausläufer, der Bettenberg, gegen Westen und wird von der Nagold umflossen. Der fünfte Tunnel 580' (166 m.) führt uns unter demselben durch. Vor und nach demselben sind tiefe Einschnitte. Auch musste vor und nach demselben die Nagold mehr gegen Westen verlegt werden. In der Nähe des Bettenbergs wurde in einem Steinbruch an der Kreuzung von Schwarzenbach- und Staatsstraße eine antike silberne Gesichtsmaske gefunden (K. Altertums-Sammlung). Ein anderer Fund, Waffen und Gebeine, wurde im Haslach-Einschnitt, 80' hoch gemacht, dieser folgt bald nach dem Bettenberg-Tunnel.

Station Emmingen,

auf einer 68' hohen Aufdämmung. Emmingen, evangelisches Pfarrdorf mit 649 Einwohnern, seit 1854 mit dem gegenüber liegenden **Pfrondorf** zu einer Pfarrei vereinigt, welche zunächst von einem ständigen Pfarrverweser versehen wird.
Bei Pfrondorf wurden schon Reihengräber aufgedeckt und römische Münzen gefunden, wie denn auch mehrere Römerstraßen durch die Gegend um Nagold führten.

Von Emmingen fahren wir zunächst über die Brühlochklinge auf 70' hohem Damm, und nahe bei Nagold über den kleinen Rötenbach. An dessen Ursprung liegt 1/4 Stunde oberhalb der Bahn das Rötenbacher oder Nagolder Bad. Es hat eine liebliche, stille Lage zwischen Tannenwäldern. Sein Wasser kommt aus dem Muschelkalk, gehört zu den süßen Wassern und enthält Kalk- und Bittererde-Salze. Das Bad kann etwa 15 Personen beherbergen und wird besonders von Nagold und der Umgegend besucht. Im 30jährigen Krieg war das Bad abgegangen; im Jahr 1726 wurde es wieder aufgesucht und auf höheren Befehl von Physikus Brodbeck in Herrenberg untersucht und beschrieben.

Station Nagold,

1477' über dem Meer.

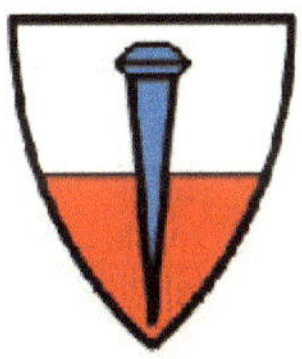

Nagold, evangelische Oberamtsstadt mit 2956 Einwohnern, liegt an dem spitzigen Winkel, welchen die Nagold macht, indem sie sich plötzlich gegen Norden wendet, um noch länger im Schwarzwald bleiben zu können. In den spitzigen Winkel hinein schiebt sich der Schlossberg mit den Ruinen der Burg Hohennagold, welcher mit seinem saftig grünen Laubwald gegen die dunkeln Tannenwälder der umgebenden Berge angenehm absticht und eine Zierde der Gegend bildet.

Die Stadt wird schon sehr frühe genannt. 773 als Villa Nagalta. Im Jahre 786 als Villa Nagaltuna und später als Nagelta benannt. Das Wappen ist ein durch zwei Felder gehender, aufrechter Nagel.

Die Oberherren der Stadt waren bis in die Mitte des 13. Jahrhunderts die Grafen von Tübingen, dann etwa 100 Jahre lang die Grafen von Hohenberg. An Württemberg kam Nagold 1363. Das Innere der Stadt ist unregelmäßig und von engen Straßen durchzogen. Nur die Hauptstraße ist breiter. Die Gebäude sind meist alt. Bei einem Brande in der Nacht vom 22./23. September 1850 brannten 28 Gebäude nieder. Der Brand entstand hinter dem Gasthaus zum Hirsch.

Die Kirche, welche wegen Baufälligkeit dem Abbruch geweiht ist, wurde 1360 im frühgotischen Stil gebaut. In derselben ist ein sehr alter, achteckiger Taufstein mit den Symbolen der 4 Evangelisten : Engel, Löwe, Adler, Stier. In der unter dem Chor befindlichen Gruft sollen die Grafen von Hohenberg beigesetzt sein. Die neue Kirche, welche der Staat zu bauen hat, kommt in die Nähe des Bahnhofs zu stehen. Der Grundstein wurde 17. Oktober 1870 gelegt. Die Kirche wird nach dem Bauplan von Oberbaurat Landauer in einfach gotischem Stil gebaut und bekommt die Gestalt eines Kreuzes. Das ganze Gebäude soll 150' lang, der Turm 213' hoch werden. In der Nähe der Kirche ist ein Haus zum Dekanatshaus angekauft worden.

Auf dem Gottesacker am Berge steht die „Oberkirche", oder Kirche zu den Nonnen. Dieselbe hat noch Spuren des romanischen Stils, einen runden, von romanischen Säulenbündeln ausgehenden Triumphbogen, zwischen Langhaus und Chor, ferner einen

Rundbogen, der vom Langhaus in eine Seitenkapelle führt. Der Turm hat im untern Stockwerk romanische Fenster.

Das Rathaus ist vom Jahr 1756. Vier Glasgemälde mit Wappen von Vögten stammen aus dem Ende des 16. Jahrhunderts.

Die Einwohner treiben hauptsächlich Feldbau und Viehzucht. Unter den Gewerben sind besonders Tuchmacher, Zeugmacher, Gerber vertreten. Aus älterer Zeit werden aus Nagold stammend genannt der Philosoph Friese, 1589 in Helmstädt, der niederländische Admiral Bürkle, gestorben 1697.

Aus neuerer Zeit nennen wir Heinrich Zeller, geboren 1794. Zuerst Apotheker, widmete er sich später ganz den Naturwissenschaften. Als Freund von Dr. Barth lieferte er in dessen Jugendblätter manchen Beitrag, wie z. B. die Monatsbilder der Naturreiche, welche besonders erschienen sind. Er starb in Nagold 12. Februar 1864.

Die Burg Hohennagold gehörte den Grafen von Hohenberg und stammt, nach der Bauart der beiden noch stehenden Türme zu schließen, aus dem 12. oder 13. Jahrhundert. Im 30jährigen Kriege war sie stark beschädigt worden, und wurde daher abgebrochen. Doch stehen noch bedeutende Ruinen, zu welchen von der Stadt ein schön angelegter Weg führt. Der Botaniker findet auf demselben reiche Ausbeute. Die Burg war durch einen Graben in die Vorburg und innere Burg geteilt. Die ehemalige Vorburg wird jetzt als Ackerland benützt. Von hier führt ein Erddamm (einst eine Zugbrücke) zu der inneren Burg. Der Burghof, mit rundbogigem Eingang, bildet beinahe ein gleichschenkliges Dreieck und ist mit einer starken Mauer umgeben. An der Südseite steht ein runder, 70' hoher Turm. An der Erdfläche ist die 7' dicke Mauer durchbrochen, dass man in denselben hineingehen kann. An der nordwestlichen Ecke steht ein weiterer, runder, 50' hoher Turm, an dessen oberem Rande ein romanisches Rundbogenfries herumläuft; im untern Stockwerk enthält er ein hohes Gewölbe. An der Ostseite der Burg stehen die Reste des Wasserturms, in dessen Mitte sich ein tiefer, jetzt

größtenteils verschütteter Brunnen befindet, aus welchem das Wasser mit einem Tretrade geschöpft wurde.
Von den mancherlei Spuren römischer Niederlassungen nennen wir den Krautbühl, ursprünglich Heidenbühl, einen etwa 30' hohen und 160' im Durchmesser haltenden, künstlich aufgeworfenen Hügel in der Talebene, südwestlich von der Stadt. Er scheint ein römischer Wachhügel zur Deckung der Nagoldstraße gewesen zu sein. Es wurden auf demselben Bruchstücke von römischen Gefäßen gefunden.

Der Bau der Schwarzwaldbahn.

Der Bau wurde in Angriff genommen in Folge des Gesetzes vom 13.August 1865. Zweimal erlitt der Bau Unterbrechung beim Ausbruch der beiden Kriege im Jahr 1866 und 1870.

Oberingenieur war Oberbaurat v. Abel Bezirksingenieure waren die Bauinspektoren: Heugelin in Leonberg, Hennings in Weil der Stadt gegen Leonberg, Daser in Weil der Stadt gegen Althengstett, Sapper und Bock in Calw und Hermann in Nagold. Die Hochbauten von Zuffenhausen bis Calw wurden von Bauinspektor Schurr, von Calw bis Nagold von Bauinspektor Krauß ausgeführt.

Die Bahnhöfe der Strecke

Weil der Stadt

Althengstett

Calw

Nagold

Bahnhof und Ort Nagold. Um 1880.

Was einst in der Zeitung stand…

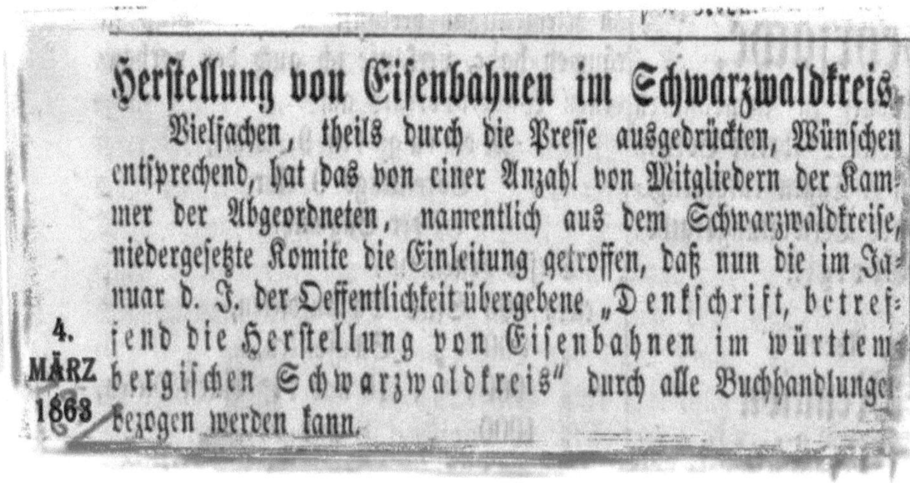

4. MÄRZ 1868

Herstellung von Eisenbahnen im Schwarzwaldkreis.

Vielfachen, theils durch die Presse ausgedrückten, Wünschen entsprechend, hat das von einer Anzahl von Mitgliedern der Kammer der Abgeordneten, namentlich aus dem Schwarzwaldkreise, niedergesetzte Komite die Einleitung getroffen, daß nun die im Januar d. J. der Oeffentlichkeit übergebene „Denkschrift, betreffend die Herstellung von Eisenbahnen im württembergischen Schwarzwaldkreis“ durch alle Buchhandlungen bezogen werden kann.

— 83 —

Wähler-Versammlung.

Morgenden **Sonntag**, Nachmittags 4 Uhr,
werde ich
in Stammheim im Rößle
eine Versammlung halten, in welcher namentlich auch die Agitation für
Abänderung des landesverderblichen Kriegsdienstgesetzes
zur Sprache kommen wird, wozu ich die Wähler, namentlich auch die von Holzbronn, freundlich einlade.

Emil Georgii, Abgeordneter.

Calw.

nd Intelligenzblatt für den Bezirk.

die dreispaltige Zeile oder deren Raum.

Dienstag, den 16. Juli. 1867.

Calw.

Verakkordirung von Eisenbahnbau-Arbeiten.

Zu Ausführung der Schwarzwaldbahn (Strecke Calw-Althengstett) werden mit höherer Ermächtigung die Arbeiten von der 1. Abtheilung des III. und IV. Arbeitslooses zur Submission ausgeboten.

Die 1. Abtheilung des III. Arbeitslooses beginnt bei Nr. 63 der III. Stunde und endigt bei Nr. 9+[50] der II. Stunde in der Markung Calw.

Dieselbe ist 5650 Fuß lang.

Die 1. Abtheilung des IV. Arbeitslooses beginnt bei Nro 2 der III. Stunde und endigt bei Nr. 23 der III. Stunde in der Markung Althengstett und ist 2100 Fuß lang.

Die Arbeiten sind nach dem Ueberschlag folgendermaßen berechnet:

	III. Loos fl.	kr.	IV. Loos. fl.	kr.	Zusammen fl.	kr.
1) Erdarbeiten incl. allgemeine Zubereitung der Baustelle	63750.	35.	40,000.	—.	103,750	35.
2) Straßenbauten	556	12.	—		556.	12.
3) Verschiedene Ausgaben	3175.	—.	—		3175.	—.
Zusammen	67,481.	—.	40,000.	—.	107,481.	47.

Die Plane, Voranschläge und Bedingnißhefte können bei der unterzeichneten Stelle eingesehen werden.

Liebhaber zu Uebernahme dieser Arbeiten, welche entweder einzeln nach Loosen oder zusammen vergeben werden, haben ihre Angebote, welche den Abstreich an den Voranschlagspreisen in Prozenten ausgedrückt enthalten müssen, unter Anschluß von Vermögens- und Fähigkeitszeugnissen, schriftlich versiegelt und mit der Aufschrift:

„Angebot zu den Bauarbeiten der I. Abtheilung des III. (und IV.) Arbeitslooses der Bau-Sektion Calw"

versehen, spätestens bis

Montag, den 22. Juli d. J, Mittags 12 Uhr,

bei dem Bauamt Calw einzureichen.

An demselben Tage, Nachmittags 4 Uhr, findet die urkundliche Eröffnung der eingelaufenen Offerte statt, welcher die Submittenten anwohnen können.

Bemerkt wird noch, daß den Unternehmern die zum Betrieb der Erdarbeiten erforderlichen Schienen und Rollwagen von der K. Eisenbahnbau-Verwaltung lehnungsweise überlassen werden, worüber die Bedingungen das Nähere enthalten.

Calw, 12. Juli 1867. K. Eisenbahnbauamt.

Sapper.

Vergebung von Erd-Arbeit.

Der Ausbub 2er Probeschlitze bei Nro. 121, II. Stunde und 96. III. Stunde im Betrag von je etwa 250 Schachtruthen, und worüber die Bedingungen in hiesigem Bureau zur Einsicht aufgelegt sind, wird im Submissionswege vergeben, und sind Offerte hierauf schriftlich, versiegelt und mit der Aufschrift:

„Angebot auf — einen oder beide — Probeschlitze bei Nro. 121 und 96"

längstens bis

Montag, den 22. Januar,
Vormittags 11 Uhr,

einzureichen

Dem Bauamte unbekannte Bewerber haben sich durch beigelegte Vermögens und Tüchtigkeits-Zeugnisse auszuweisen

Neuenbürg, den 12. Januar 1866.

K. Eisenbahnbauamt.
Herrmann.

Amtliche Bekanntmachungen.

Calw.

Verakkordirung von Eisenbahnbau-Arbeiten.

Zu Ausführung des Voreinschnitts am Forst-Tunnel, auf Markung Ostelsheim, werden mit höherer Ermächtigung

die Erdarbeiten

im Kostenvoranschlagsbetrage von 19,000 fl.
zur Submission ausgeboten.

Der Voranschlag, sowie die Bedingungen können bei dem Bauamt eingesehen werden.

Liebhaber zur Uebernahme dieser Arbeiten haben ihre Angebote, welche den Abstreich an den Voranschlagspreisen in Prozenten ausgedrückt enthalten müssen, unter Anschluß von Vermögens- und Fähigkeits-Zeugnissen, schriftlich, versiegelt und mit der Aufschrift:

„Angebot auf Erdarbeiten im V. Arbeitsloos der Bausektion Calw"

versehen, spätestens bis

Montag, den 13. Mai d. J., Mittags 12 Uhr,

bei der unterzeichneten Stelle einzureichen.

An demselben Tage, Nachmittags 4 Uhr, findet die urkundliche Eröffnung der eingelaufenen Offerte statt, welcher die Submittenten anwohnen können.

Calw, 2. Mai 1867. K. Eisenbahnbauamt.

Dr. Emil Schüz

Georgenäum.

Neu aufgelegte Bücher im Lesezimmer:

Nr. 50. b. Ein Buch der Weisheit und Wahrheit von Heinrich Martin. 14. Auflage. Dresden 1872.

Nr. 51. a. Die Württembergische Schwarzwaldbahn von Stuttgart bis Nagold. Mit besonderer Rücksicht auf Calw unter Mitwirkung von Dr. E. Schüz in Calw bearbeitet von Ed. Fr. Hochstetter, Pfarrer in Althengstett. Mit einem Längenprofil, einer Karte der Bahn und einem Grundriß der Hirsauer Klosterkirche. Stuttgart 1872.

Im Konversationszimmer sind aufgelegt:

7.JANUAR 1872

— 3 —

Chronik der Stadt Calw.

Ich beschäftige mich seit geraumer Zeit mit der Sammlung von Materialien zu einer Geschichte unserer Vaterstadt. Dazu bedarf ich der Beihilfe meiner Mitbürger in folgender Weise. Ohne allen Zweifel sind in vielen, besonders den älteren hiesigen Familien, schriftliche und gedruckte Sachen aus alten Zeiten, Familien- oder Hausurkunden, Stammbäume, Kalender mit handschriftlichen Notizen, Schreib- oder Tagbücher, besonders aus den Kriegs- und theuren Zeiten, alte Ansichten der Stadt und Umgegend, Portraits alter Calwer, Siegel, Wappen u. s. w. vorhanden. Ich bitte nun Jedermann dringend, in seinen Kisten und Schränken nach solchen Dingen zu suchen, und mir dieselben zur Einsicht zuzustellen. Selbstverständlich stehe ich für dankbarste Zurückgabe ein und ersuche Jedermann, diese Bitte nicht bloß zu lesen, sondern mir mit der That im Interesse der gewiß für jeden guten Calwer nicht unwichtigen Sache an die Hand gehen zu wollen.

Dr. E. Schüz.

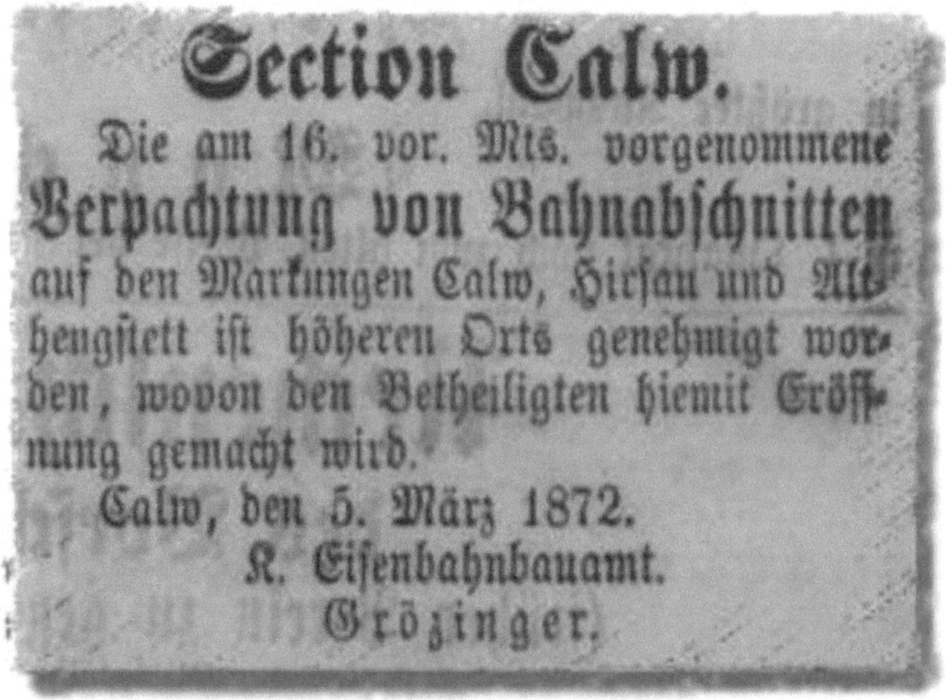

Section Calw.

Die am 16. vor. Mts. vorgenommene **Verpachtung von Bahnabschnitten** auf den Markungen Calw, Hirsau und Althengstett ist höheren Orts genehmigt worden, wovon den Betheiligten hiemit Eröffnung gemacht wird.

Calw, den 5. März 1872.

K. Eisenbahnbauamt.

Grözinger.

Calw.

Auszug

aus dem

Amtsversammlungs-Protokoll

vom 14. August 1866.

Anwesend:

Oberamtmann Thym, Oberamtspfleger Widmann, 30 Vertreter der stimmberechtigten Gemeinden und die Ortsvorsteher der übrigen nicht stimmberechtigten Gemeinden, sowie zum Zweck der Wahl des Ausschusses für die Auswahl der Geschworenen die Obmänner der Bürgerausschüsse der stimmberechtigten Gemeinden.

I. Der neu ernannte Vorstand des Oberamts, Herr Oberamtmann Thym, eröffnet die Amtsversammlung mit einer Ansprache an dieselbe; die Ansprache wird durch Stadtschultheiß Schuldt Namens der Amtsversammlung erwiedert.

II. In den Bezirksausschuß zu Feststellung der Jahresliste der Geschworenen werden unter Mitwirkung der Bürgerausschuß-Obmänner gewählt:

a) Mitglieder der Amtsversammlung.

1) Stadtschultheiß Schuldt in Calw mit 51 Stimmen.
2) Schultheiß Kempf in Stammheim mit 38 Stimmen.
3) Schultheiß Hanselmann in Zwerenberg mit 33 Stimmen.
4) Emil Georgii in Calw mit 28 Stimmen.

b) Nichtmitglieder der Amtsversammlung.

5) Heinrich Zahn in Hirschau mit 28 Stimmen.
6) Louis Dreiß in Calw mit 20 Stimmen.
7) Eugen Horlacher in Calw mit 10 Stimmen.

Ersatzmitglieder:

1) Verwaltungs-Aktuar Fechter in Calw mit 28 Stimmen.
2) Carl Stälin, Fabrikant in Calw, mit 19 Stimmen.

III. In den Bezirks-Rekrutirungsrath werden gewählt:

a) zu ordentlichen Mitgliedern:

1) Stadtpfleger Schuler in Calw mit 17 Stimmen.
2) Stadtschultheiß Rau in Liebenzell mit 17 Stimmen.
3) Amtsnotar Nafzger in Teinach mit 17 Stimmen.
4) Schultheiß Hanselmann in Zwerenberg mit 13 Stimmen.

b) zu Ersatzmitgliedern:

1) Schultheiß Ziegler in Gechingen mit 8 Stimmen.
2) Schultheiß Lutz in Deckenpfronn mit 6 Stimmen.

IV. Das Dekret der K. Kreisregierung, wornach der Amtskörperschafts-Etat pro 1866/67 mit einer Umlage von 7500 fl. genehmigt ist, wird der Versammlung mitgetheilt.

V. Die Beschlüsse des Amts-Versammlungs-Ausschusses vom 16. Juli d. J. in Betreff der Correktion von Nachbarschaftsstraßen im Bezirke, insbesondere die Correktion der Straße von Teinach nach Neuweiler, sowie der Betheiligung der Amtskorporation an den Kosten des Plans mit vorläufig 200 fl. und der mit den Gemeinden Schmieh, Neuweiler, Oberkollwangen, Breitenberg abgeschlossenen Vereinbarung hinsichtlich der Aufnahme des Plans und ihrer Betheiligung an den Kosten, werden von der Amts-Versammlung genehmigt.

VI. Die Amts-Versammlung beschließt: Behufs der Sicherstellung des Eisenbahnbaues von Stuttgart über Leonberg nach Calw, und damit die Arbeiten zwischen Calw und Weil der Stadt im Calwer Bezirk in Angriff genommen und fortgesetzt werden, der Staatshauptkasse in noch zu bestimmenden Raten binnen Jahresfrist 100,000 fl. gegen Abtretung von Staats-Obligationen zum Tageskurse zu liefern, da die Staats-Finanzverwaltung in Folge der Kriegsereignisse gegenwärtig nicht im Besitz der nöthigen Mittel ist.

Diesen Auszug beglaubigt

Amtsversammlungs-Aktuar **Schuldt.**

Calw.

Auszug

aus dem

Amtsversammlungs-Protokoll

vom 28. Juni 1866.

Anwesend:

Oberamtmann Schippert, Oberamtspfleger Widmann, 30 Vertreter der stimmberechtigten Gemeinden und die Ortsvorsteher der übrigen nicht stimmberechtigten Gemeinden.

I. Abhör der Amtspflegrechnung pro 1864/65; die Rechnung wird für justifizirt erklärt und die Rechnungsführung als eine musterhafte anerkannt.

II. Prüfung der Amtsvergleichungskosten pro 1865/66. Sie werden im Betrage von 456 fl. 29 kr. genehmigt.

III. Die Amtsvergleichungstaxen pro 1866/67 werden, wie sie am 29. September 1865 regulirt und theilweise bekannt gemacht worden sind, unverändert belassen. Die übrigen Taxen sind folgende:

Fuhrlohnstaxe:

bei einer Entfernung bis auf 5 Stunden einschließlich, wobei der Hin- und Hergang nur einfach berechnet wird, per Stunde und Pferd . . . . . — fl. 40 kr.
bei nur 1 Stunde Entfernung für diese . . . . . 1 fl. 12 kr.
bei nur 2 Stunden Entfernung für diese . . . . . 1 fl. 30 kr.

Postrittstaxe:

1 Pferd sammt Mann auf 1 Stunde . . . . . 1 fl. — kr.
1 Pferd sammt Mann auf 2 Stunden . . . . . 1 fl. 30 kr.
Im Uebrigen per Stund . . . . — fl. 40 kr.

Beim Aufwarten:

Für 1 Pferd per Tag . . . . 1 fl. 30 kr.
Für 1 Mann . . . . 1 fl. — kr.

Rittlohnstaxe:

1 Pferd auf 1 Tag . . . . 1 fl. 40 kr.
1 Simri Haber . . . . 1 fl. — kr.

Durchweg sind Landstunden verstanden. Die Taxen und Prämien für Feuerritte werden genehmigt, wie sie am 19. April 1860 festgesetzt sind; sie sind folgende:

für ein Pferd, das den Reiter trägt oder angespannt wird,
1) wenn das Ziel nur 1 Stunde und unter 1 Stunde entfernt ist . 1 fl. — kr.
2) über 1 Stunde Entfernung für jede Stunde . . . — fl. 45 kr.

Der Rückweg bleibt außer Berechnung.

Ohne allen Unterschied auf den zurückgelegten Weg werden neben dem eben bestimmten Lohn noch folgende Prämien für zuläßig erkannt:

a) Für Feuerreiter:

der erste mit einem Pferde sich auf dem Versammlungsplatz einstellende Reiter 1 fl. — kr.,
der zweite . . — fl. 48 kr.,
der dritte . . — fl. 36 kr.,
der vierte . . — fl. 30 kr.

b) Für Zugpferde:

Für den ersten Zug von 2 Pferden . . . . . . 1 fl. 24 kr.
„ „ zweiten Zug von 2 Pferden . . . . . . 1 fl. 12 kr.
„ „ dritten Zug von 2 Pferden . . . . . . 1 fl. — kr.
„ „ vierten Zug von 2 Pferden . . . . . . — fl. 48 kr.

Seine Majestät der König

Calw.

Se. Majestät der König

werden nach der Rückkehr von Nagold am nächsten Montag, Nachmittags 2 Uhr, auf dem hiesigen Bahnhof eintreffen und hier von den Staats- und Gemeindebeamten empfangen werden, worauf Se. Majestät einige Fabriken besichtigen werden.

Es ist zu wünschen, daß auch die Gemeinde sich in möglich größter Anzahl versammelt, um Sr. Maj. dem König rc., der sich in landesväterlicher Fürsorge für die Herstellung der Schwarzwald-Eisenbahn auf das Lebhafteste interessirt hat, die Gefühle des Dankes zu erkennen zu geben.

Se. Maj. werden bei der Fahrt durch die Stadt insbesondere die Teinacher-, die Bischoff-, untere Marktstraße und Markt passiren. Die Einwohner werden ersucht, nicht nur allgemein zu beflaggen, sondern auch bis dahin die genannten Straßen, wenigstens mit Tännchen, zu verzieren.

Am 12. Juni 1872.

Stadtschultheiß Schuldt.

Der Geschäftsmann E. Georgii

Calwer Wochenblatt erscheint wöchentlich zweimal, nämlich ...woch u. Samstag. ...nementspreis halbj. ...54 kr., durch die Post ...gen in Württemberg ...1 fl. 15 kr. — Einzelne ...mmern kosten 2 kr.

Calwer Wochenblatt.

Amts- und Intelligenzblatt für den Bezirk.

In Calw abonnirt man bei der Redaktion, auswärts bei den Boten oder dem nächstgelegenen Postamt. — Die Einrückungsgebühr beträgt 2 kr. für die dreispaltige Zeile oder deren Raum.

Nro. 17. Mittwoch, den 4. März. 1863.

Amtliche Bekanntmachungen.

2)2. Weil die Stadt. Rinde-Verkauf

Nächsten Sonntag, sowie die ganze Woche über sind Laugenbrezeln zu haben bei

Dr. Pattison's Gichtwatte,

das bewährteste Heilmittel gegen **Gicht und Rheumatismen** aller Art, als: Gesichts-, Brust-, Hals- und Zahnschmerzen, Kopf-, Hand- und Kniegicht, Gliederreißen, Rücken- und Lendenweh u. s. w. Alle anderen Gichtwatten sind nur Nachahmungen. In Paketen zu 24 kr. und halben zu 12 kr. bei

Emil Georgii.

— 299 —

Soeben erschien und ist bei E. Georgii zu haben:

Die Württemberg. Schwarzwaldbahn

von **Stuttgart bis Nagold.**

Mit besonderer Rücksicht auf Calw unter Mitwirkung von **Dr. E. Schüz** in Calw bearbeitet von **E. F. Hochstätter,** Pfr. in Althengstett.

Preis 30 kr.

Die gewinnreichste Speculation

ist die Betheiligung bei dem Kaiserl. Königl. Oesterreich'schen **Eisenbahn-Anlehen,** wovon der Verkauf der Loose gesetzlich in **Württemberg** gestattet ist.

Ziehung am 1. April.

Die Hauptgewinne des Anlehens sind: 24mal fl. **250,000,** 71mal fl. **200,000,** 103mal fl. **150,000,** 90mal fl. **40,000,** 105mal fl. **30,000,** 90mal fl. **20,000,** 105mal fl. **15,000,** 2060 Gewinne à fl. **5000** bis abwärts fl. **1000.** — Der geringste Preis, den mindestens jedes Obligationsloos erzielen muß, ist jetzt fl. **140.** — **Kein anderes Anlehen bietet eine gleiche Anzahl so großartiger Gewinne, verbunden mit den höchsten Garantieen.** — Um die Vortheile zu genießen, welche **Jedermann die Betheiligung ermöglichen,** beliebe man sich baldigst **DIRECT** an unterzeichnetes Bankhaus zu wenden, welches nicht nur allein Pläne und Ziehungslisten gratis und franco versendet, sondern auch die kleinsten Aufträge auf's prompteste ausführt.

Stirn & Greim, Banquiers in Frankfurt a/M.

Aus dem täglichen Leben

5.3.72

Calw.

Warnung.

Friederike Judä bittet angeblich für ihre kranke Mutter um Gaben. Da die Friederike Judä mit Eisenbahnarbeitern einen verwerflichen Lebenswandel führt und es zweifelhaft ist, ob die von ihr gesammelten Gaben für ihre Mutter verwendet werden, so ist es nicht angemessen, der ledigen Judä für ihre Mutter etwas zu geben.

Stadtschultheißenamt.

Haffner, A.-V.

Calw.

Abbitte.

Peter Schweizer von Ostelsheim hat die Familie des Michael Gann von da im Sommer vorigen Jahres durch einen Bezicht beleidigt. Er nimmt diesen Bezicht als einen unbegründeten zurück und bittet die Gann'schen um Verzeihung.

Den 15. März 1872.

Peter Schweizer.

Calw.

An unsere Mitbürger in Stadt und Land.

Gegenüber den Aufforderungen der Volkspartei zur Unterzeichnung einer Adresse, welche die Aufhebung des Kriegsdienstgesetzes zum Zweck hat, ersuchen wir Sie, hiezu Ihre Zustimmung nicht zu geben, denn es sprechen gewichtige Gründe dagegen, die theuersten Interessen stehen auf dem Spiel. Das, was das neue Kriegsdienstgesetz von uns verlangt, ist zur Sicherheit Deutschlands seinen Feinden gegenüber unbedingt nöthig. Wenn das Ausland sieht, daß wir ihm gegenüber stark und gerüstet dastehen, dann wird es nicht mehr wagen uns anzugreifen, durch seine beständigen Kriegsdrohungen unsern Handel und Verkehr lahm zu legen und die Geschäfte ins Stocken zu bringen. Wir wünschen, daß die begonnene Einigung Deutschlands im Sinne der langjährigen Bestrebungen weiter ausgebaut werde, wir müssen auch aus diesem Grunde stark und gerüstet dastehen, um die unbefugten Einmischungen des eifersüchtigen und feindseligen Auslandes abzuhalten. Ist dieß erreicht, dann können und werden die Militärlasten vermindert werden. Das von der Volkspartei vorgeschlagene Milizsystem gewährt dem Lande keinen Schutz, ist Alles zusammengenommen nicht weniger kostspielig als das jetzige System und lastet schwerer auf dem Armen als auf dem Reichen, weil es mehr persönliche Opfer verlangt. Würde das Kriegsdienstgesetz im Sinne der Volkspartei aufgehoben, so ist die nothwendige Folge, daß der Allianzvertrag mit dem norddeutschen Bunde aufgelöst wird und der damit in Zusammenhang gestellte Zollvertrag fällt. Daß dieß so kommen wird, unterliegt nach der neuesten Thronrede des Königs von Preußen im norddeutschen Reichstag gar keinem Zweifel mehr. Dieß würde aber für Württemberg schwere, unheilvolle Folgen haben.

Wir sehen uns deßhalb veranlaßt, unsere Mitbürger in Stadt und Land zu bitten, die vorliegenden Fragen genau zu prüfen, damit die Reue nicht zu spät kommt. Die Folgen der Annahme der Adresse wären jedenfalls für unser Land verderblicher als das neue Kriegsdienstgesetz.

Calw, 18. Februar 1870.

Julius Stälin.	Dr. E. Schüz.
Louis Wagner.	Louis Federhaff.
Wilh. Federhaff.	Carl Stälin.
Carl Federhaff.	Moriz Heermann.
Fr. Leonhardt.	Georg Schauber.
J. Pfleger.	G. Dörtenbach.
G. Korndörfer.	Gg. Fr. Acker.
Dr. Müller d. ä.	Friedr. Burghardt.
Dr. E. Müller.	Chr. Stroh.
Herrm. Haffner.	C. F. Würz jr.
Fr. Schuman.	G. J. Stroh.
C. F. Bätzner.	Emil Dreiß.
G. Wagner jr.	

Erscheint wöchentlich 1 mal. — Abonnementspreis 50 Pfg. vierteljährlich. — Inseratengebühr pro Zeile 5 Pfg. Auswärtige Inserate 8 Pfg.

№ 1. Sonntag, den 7. Januar 1900.

Eisenbahn-Fahrplan zwischen Weilderstadt—Stuttgart—Calw.

Von Weilderstadt nach Calw ab:
6^{42} Vorm. 10^{36} Vorm. 2^{56} Abds. 8^{20} Abds.
Außerdem geht Sonntags ein Nachtzug 11^{16} nach Calw.

Von Weilderstadt nach Stuttgart ab:
6^{7} Vorm. 8^{34} 12^{25} Mittgs. 5^{3} 10^{6} Abds.
Außerdem geht Montags ein Frühzug 4^{12} nach Stuttgart.

Weil d. Stadt.

Pferde- und Wagen-Versteigerung.

In Folge der Eröffnung der Bahnlinie Weil d. Stadt-Nagold wird Unterzeichneter
Montag, den 1. Juli,
Morgens 9 Uhr,
Untenstehendes zur Versteigerung bringen:

16—18 Pferde,
3 Omnibus,
2 Droschken,
1 Charabank,
Pferdgeschirre und Teppiche,
worunter 2 Chaisengeschirre.

Fr. Stotz,
Postmeister.

Nagold-Bahn.

K. Eisenbahnbauamt Pforzheim.

Verkauf

der Werk-Einrichtung einer Sägmühle.

Höherem Auftrage zufolge wird die Werkeinrichtung der von Löwenwirth Gengenbach erkauften Sägmühle in Unterreichenbach sammt zugehörigem Inventar im öffentlichen Aufstreich an den Meistbietenden verkauft.

Die Einrichtung und das Inventar können jeden Tag eingesehen werden und wollen sich Lustragende an Herrn Bauführer Staiger in Unterreichenbach wenden.

Die Verhandlung findet

Samstag, den 26. August, Vormittags 11 Uhr,

an Ort und Stelle statt, wozu die Liebhaber eingeladen werden.

Pforzheim, 19. August 1871. K. Eisenbahnbauamt.

Schmoller.

Amtliche Bekanntmachungen.

Calw.

Gläubiger-Aufruf wegen Auswanderung.

Die ledige Rosine Pfaus von Zavelstein will mit ihrem Kinde nach Nordamerika auswandern, ohne die vorgeschriebene Bürgschaft leisten zu können. Etwaige Forderungen an sie sind binnen 8 Tagen beim Schultheißenamt Zavelstein anzumelden, indem nach Umfluß dieser Frist der Auswanderung stattgegeben werden wird. Uebrigens wird bemerkt, daß die vermögenslose Pfau auf Gemeindekosten auswandert.

Den 5. Juni 1867.

K. Oberamt.

Krankenhaus Calw

1861 / 1862

Das 2. Verwaltungsjahr des Krankenhauses zu Calw,
1. Juli 1861 bis 30. Juni 1862.

Der vorjährige Bericht hat ein volles Jahr von der Eröffnung des Krankenhauses am 23. November 1860 an umfaßt, und somit noch um mehrere Monate in das mit dem 1. Juli 1861 begonnene zweite Verwaltungsjahr hineingegriffen. Wenn wir jetzt über das zweite Verwaltungsjahr berichten, so ist es nicht zu vermeiden, daß einiges schon im vorigen Bericht Enthaltene wiederholt wird.

Am 1. Juli 1861 belief sich die Zahl der vom vorigen Jahre her in Bestand gebliebenen Kranken auf 9 Personen, 4 Männer und 5 Weiber.

Im Laufe des Jahres 1861/62 wurden 202 Kranke, 101 Männer und 101 Weiber, aufgenommen; mit Einrechnung des Bestandes wurden also in diesem Jahre 211 Kranke, 105 Männer und 106 Weiber, verpflegt.

Von den aufgenommenen 202 Kranken waren aus der Stadt Calw 50 (19 M., 31 W.), aus den Amtsorten des Calwer Ober-

Auf der Petersburger Eisenbahn ist ein junger Pharmaceut aus dem Wagen gesprungen, blieb hängen und ein anderer Wagentrain nahm ihm beide Füße ab. Ein Eisenbahnwächter hatte sich betrunken und sich quer über die Eisenbahn gelegt, um seinen Rausch auszuschläfen. Da kam zur dunkeln Abendzeit ein Wagenzug und nahm ihm im Augenblick den Kopf und den rechten Arm ab.

Calw. **Frucht-Preise** am 27. Aug. 1870.

Getreide-Gattungen.	Voriger Rest	Neue Zufuhr	Gesammt-Betrag	Heutiger Verkauf	Im Rest gebl.	Höchster Preis		Wahrer Mittel-Preis		Niederster Preis		Verkaufs-Summe		Gegen d. vor. Durchschnittspreis	
	Ctr	Ctr	Ctr	Ctr	Ctr	fl.	kr	fl.	kr.	fl.	kr.	fl.	kr.	mehr kr.	weniger.
Waizen	—	—	—	—	—	—		—	—	—	—	—	—	—	—
Kernen, alt.	100	193	293	257	36	7	42	6	57	6	42	1788	6	—	3
— neuer	—	21	21	21	—	—	—	6	24	—	—	134	24	—	—
Gerste	—	9	9	9	—	—	—	6	—	—	—	54	—	—	—
Dinkel, alt.	50	295	345	305	40	5	18	4	58	4	42	1519	6	—	5
— neuer	—	14	14	14	—	4	27	4	27	4	27	62	18	—	—
Haber, alter	50	22	72	52	20	6	—	5	51	5	48	304	42	11	—
neuer	—	18	18	18	—	4	30	4	16	4	—	77	-		8
Summe	200	512	772	676	96						—	3939	36		

Brodtaxe nach dem früheren Regulativ: 4 Pfd. Kernenbrod 17 kr., dto. schwarz 15 kr. 1 Kreuzerweck soll wägen 4⅞ Loth

Stadtschultheißenamt

Zum **Ein- und Verkauf** von allen Sorten

„Staatspapiere, Eisenbahn- & andere Prioritäten-Anlehensloose 2c.,“

Einlösung von Zinscoupons und Wechseln auf Bankplätze empfehle ich mich unter Zusicherung schnellster und billigster Bedienung.

Ebenso empfehle ich mich zur **Vermittlung von Geldern von und nach Amerika**, und bin durch meine direkte Verbindung mit Bankhäusern in den größten Städten der vereinigten Staaten im Stande, die billigsten Course zu berechnen.

Die Vormerkung von Loosen besorge ich für meine verehrten Geschäftsfreunde unentgeldlich und bin zu Ertheilung jeglicher Auskunft stets mit Vergnügen bereit.

Julius Stälin,
Comptoir in der Ledergasse.

— 83 —

Wähler-Versammlung.

Morgenden **Sonntag**, Nachmittags 4 Uhr,

werde ich

in Stammheim im Rößle

eine Versammlung halten, in welcher namentlich auch die Agitation für

Abänderung des landesverderblichen Kriegsdienstgesetzes

zur Sprache kommen wird, wozu ich die Wähler, namentlich auch die von Holzbronn, freundlich einlade.

Emil Georgii, Abgeordneter.

Calw.

Nachrichten vom Kriegsschauplatz.

Offiziell. Bar le duc, 26. Aug. Nachmittags. Die kleine Festung Vitry hat sich gestern, am Donnerstag früh, ergeben; 16 Kanonen wurden vorgefunden. Zwei Bataillone Mobilgarde, die verirrt waren, sind von unserer Kavallerie gesprengt worden; es wurden dabei 17 Offiziere und 850 Mann gefangen. Diesseits ist Major Friesen schwer blessirt, 3 Mann verwundet. (St.A.)

Chronologie der Eisenbahn

1825, am 27. September fährt die erste Eisenbahn, gebaut von Georg Stephenson auf der Strecke Stockton – Darlington.

1830, am 24. Mai fährt die erste Eisenbahn zwischen Baltimore und Ellicott's Mills in den USA.

1833, entwirft Friedrich List 1789-1846 ein deutsches Eisenbahnnetz.

1835, am 7. Dezember auf dem Gebiet des Deutschen Bundes fährt die erste Eisenbahn auf der Strecke Nürnberg – Fürth mit der berühmten Lokomotive „Adler".

1843, am 18. April unter Württembergs König Wilhelm I. wurde das Eisenbahngesetz verabschiedet.

1845, am 22. Oktober wurde die erste Teilstrecke in Württemberg zwischen Cannstatt und Untertürkheim eröffnet.

1872, am 20. Juni Eröffnung der Strecke Calw – Weil der Stadt.

Georg Stephenson

Das deutsche Eisenbahn-System.

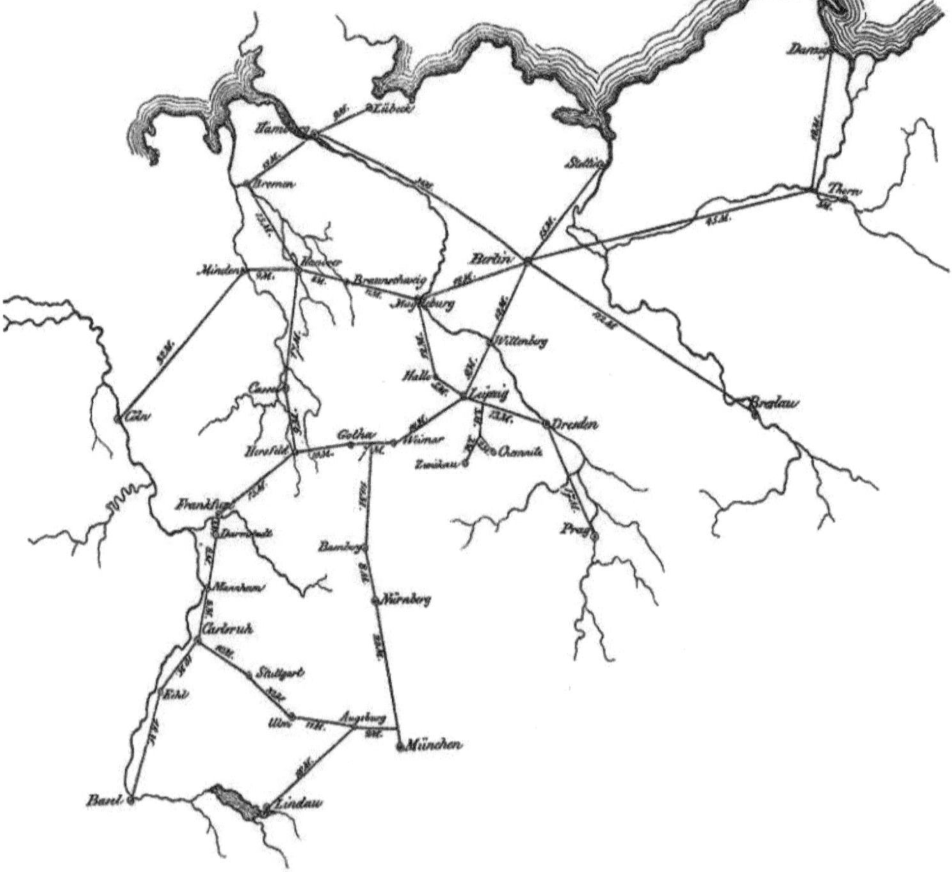

Die Idee, eine Eisenbahnstrecke Calw – Weil der Stadt und somit die Anbindung nach Stuttgart zu schaffen, kam von Johann Georg Doertenbach und Emil Wilhelm von Georgii-Georgenau. Sie haben sich für die Umsetzung und Durchführung jahrelang eingesetzt.
Doertenbach erlebte die Einweihung der Bahn nicht mehr.

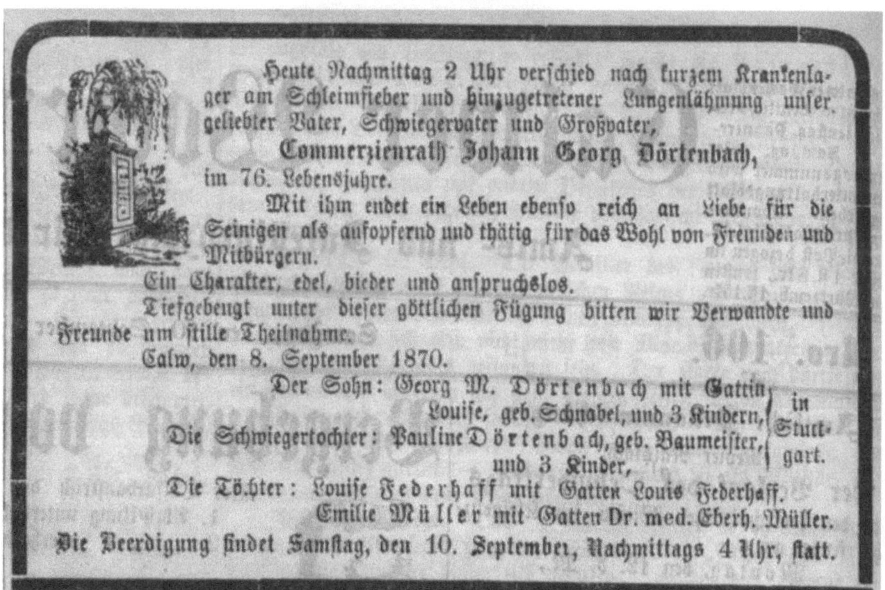

Heute Nachmittag 2 Uhr verschied nach kurzem Krankenlager am Schleimfieber und hinzugetretener Lungenlähmung unser geliebter Vater, Schwiegervater und Großvater,

Commerzienrath Johann Georg Dörtenbach,

im 76. Lebensjahre.

Mit ihm endet ein Leben ebenso reich an Liebe für die Seinigen als aufopfernd und thätig für das Wohl von Freunden und Mitbürgern.

Ein Charakter, edel, bieder und anspruchslos.

Tiefgebeugt unter dieser göttlichen Fügung bitten wir Verwandte und Freunde um stille Theilnahme.

Calw, den 8. September 1870.

Der Sohn: Georg M. Dörtenbach mit Gattin Louise, geb. Schnabel, und 3 Kindern,
Die Schwiegertochter: Pauline Dörtenbach, geb. Baumeister, und 3 Kinder, } in Stuttgart.
Die Töchter: Louise Federhaff mit Gatten Louis Federhaff.
Emilie Müller mit Gatten Dr. med. Eberh. Müller.

Die Beerdigung findet Samstag, den 10. September, Nachmittags 4 Uhr, statt.

Auf der Schwarzwald Hesse Bahna

150. Jahre

Volksliedbearbeitung: H.J.Schmid
Text: B.Freudenberger/H.J.Schmid

10
Voc.
trul - la - la Trul - la, trul - la, trul - la - la
10
E♭
13
Voc.
Sche dass 'sZie - gle wie - der schnauft
Sche das s'Zie - gle der lauft
13
F
B♭
15
Voc.
koi - ner mit dem an - dra rauft.
„Weil" wird jetzt no me be - gehrt.
15
F7
B♭

Der Europæische
17 Postilion 28

3. Hört ma d`Leit, sie freiad sich
Wohnad schee, d` Natur schenkt Licht
Au ens G`schäft kommt mor jetzt gut.
Wer machts möglicht „dr Hesse Zug"
Trulla, trulla, trullala
Trulla, trulla, trullala
Sche das s´Ziegle wieder schnauft
Und mr`s Auto oft net braucht.

4. Riegger, Bay und andre Leut
sen vom Streita jetzt befreit
und vergesset nett, Ihr Leut
au an Dank ans Landratsamt.
Trulla, trulla, trullala
Trulla, trulla, trullala
Hin und her a Moinung gjagt
wills nett missa, wird heut gsah.

5. Hermann Hesse, wer hett´s denkt
dass dei Nama so schee klengt
hilfreich wia koi anders Deng
Nutza des kloi Zügle brengt.
Trulla, trulla, trullala
Trulla, trulla, trullala
Hermann Hesse hetsch net`denkt
Dass an Zug dein Nama sengt.

Schwarzwaldbahn.

Sektion Calw und Weil der Stadt.

Verkauf

von Baugeräthschaften und Baumaterialien.

Die k. Bauverwaltung setzt ihre sämmtlichen derzeit entbehrlichen Baugeräthschaften und Baumaterialien von den beiden Sektionen Calw und Weil der Stadt dem Verkauf aus.

Dieselben kommen daher unter Vorbehalt höherer Genehmigung der Erlöse zur öffentlichen Versteigerung:

1) in der Sektion Calw auf den Lagerplätzen Hirsau, Bahnhof Calw und Hau

am Freitag, den 25. August.

Zusammenkunft Morgens 8 Uhr bei der Bauhütte in Hirsau.

2) In der Sektion Weil der Stadt auf den Lagerplätzen am Forsttunnel und am Hacksberg

am Samstag, den 26. August.

Zusammenkunft Morgens 8 Uhr am Forsttunnel.

Specielle Verzeichnisse liegen vom 23. d. M. an bei dem Unterzeichneten zur Einsicht auf, der auch zu jeder weiteren Auskunft vor dem Verkaufe gerne bereit ist.

Calw, den 17. August 1871.

Der Verwaltungsbeamte
Grözinger.

— 274 —

Calw.

Einladung zu dem Eisenbahn-Eröffnungs-Feste.

Am 20. d. M. wird mit dem Morgens 6 Uhr 55 Minuten von Stuttgart abgehenden Zuge die Eisenbahnlinie Weilderstadt-Calw-Nagold dem Verkehr übergeben.

Die bürgerlichen Collegien haben beschlossen, dieses für die Bewohner des Schwarzwaldes, insbesondere aber der Stadt und des Bezirks Calw so hocherfreuliche Ereigniß in einer den Verhältnissen angemessenen Weise zu feiern. Wir laden die Einwohner der Stadt und des Bezirks zur Theilnahme an diesem Feste freundlich ein und bitten die Herren Ortsvorsteher, uns in möglichster Bälde anzuzeigen, wie viele Personen aus den betr. Orten an dem Festessen theilnehmen werden. In der Stadt wird eine Subscriptionsliste circuliren, wobei zahlreiche Theilnahme erwünscht ist. Zugleich bitten wir die hiesigen Einwohner, an dem Eröffnungstage selbst nicht nur zu flaggen, sondern auch ihre Häuser durch Kränze u. s. w. zu verzieren.

Von Seiten der Stadt werden gegen Ersatz der Auslagen tannen Reisach und Tännchen zur Verzierung abgegeben. Wer dieß zu beziehen wünscht, wolle seinen Bedarf alsbald bei Polizeiwachtmeister Schaaf anmelden.

Im Auftrag der bürgerlichen Collegien:
Stadtschultheiß **Schuldt.**

Fest-Programm
für die Eröffnung der Eisenbahnlinie STUTTGART-CALW-NAGOLD.

19. Juni 1872.

Abends 8 Uhr. **Zapfenstreich** mit Tambours und Musik im Badischen Hof.
Reunion (mit Entrée.)

20. Juni 6 Uhr. I. **Tagwache.**

9 16. II. **Empfang des Festzuges auf dem Bahnhof** mit Musik und Anrede.

III. **Fahrt** nach **Nagold.**
Rückkehr von **Nagold.**

12. **Offizieller Empfang.**

IV. **Festzug** durch die Stadt:
1. eine Compagnie Feuerwehr,
2. die Turnschüler mit Stäben und Tambours,
3. Musik,
4. die Festjungfrauen mit gelb-rothen Schärpen,
5. Veteranenverein mit Fahne,
6. die Gäste,
7. die Bürgerschaft,
8. eine Compagnie Feuerwehr mit Tambours,
9. 2 Compagnien Feuerwehr bilden während des Zugs laufende Spaliere.

V. **Festessen** (pr. Couvert ohne Wein 3 fl. 12 kr.)
Reservirte Plätze für die Eingeladenen.

8 Uhr. VI. **Festball** im Badischen Hof.
Reunion ohne Entrée im Gasthof zum Waldhorn.

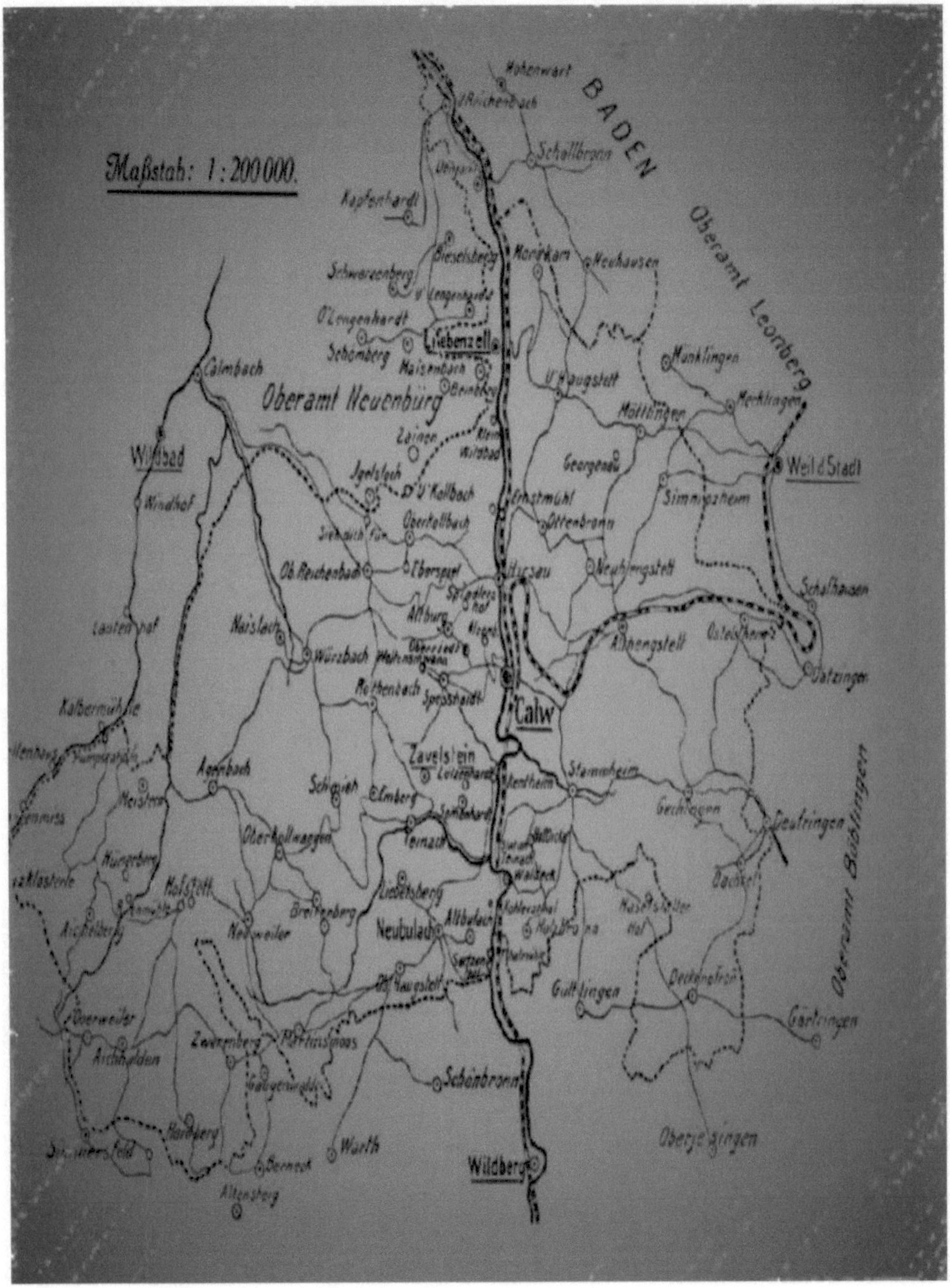
Maßstab: 1:200000.
BADEN
Oberamt Leonberg
Oberamt Neuenbürg
Oberamt Böblingen
Calw
Liebenzell
Wildbad
Weil d. Stadt
Wildberg
Calmbach
Hirsau
Zavelstein
Teinach
Neubulach
Schömberg
Schwarzenberg
Bieselsberg
Möttlingen
Merklingen
Münklingen
Simmozheim
Althengstett
Ostelsheim
Dätzingen
Schafhausen
Deufringen
Gechingen
Stammheim
Gültlingen
Deckenpfronn
Gärtringen
Oberjesingen
Schönbronn
Wurth
Altensteig
Würzbach
Agenbach
Neuweiler
Breitenberg
Hofstett
Aichelberg
Oberweiler
Aichhalden
Martinsmoos
Zwerenberg
Rothenbach
Speßhardt
Altburg
Neuhausen
Monakam
Schellbronn
Hohenwart
Ernstmühl
Ottenbronn
Neuhengstett
Georgenau
Zainen
Igelsloch
Maisenbach
Windhof
Lautenhof
Kälbermühle
Oberkollwangen
Schmieh
Emberg
Sommenhardt
Stammheim
Dachtel
Oberhaugstett
Wart
Berneck
Haiterbach

Calwer Quiz und Legespiel

Diese beiden Spiele wollen das Interesse an der Stadt Calw wecken, an ihrer Geschichte und an ihren zahlreichen faszinierenden Persönlichkeiten aus längst vergangenen Zeiten, Bürger, deren Schaffen weit über Calw hinausstrahlte und teils noch bis heute wirkt.

ISBN 978-3-948822-10-1

Calwer Septalog

Tausend Jahre Calw unterhalten sich über ihre Lebenszeit

Ein Schauspiel mit Musik

Protagonisten

Hermann Hesse (1877 - 1962)
Abt Wilhelm von Hirsau (ca. 1026 - 1091)
Ulrich Rülein von Kalbe (1465 - 1523)
Johann Valentin Andreae (1586 – 1654)
Balthasar Haug (1731 - 1792)
Christian Jacob Zahn (1765 - 1830)
Johann Gottlieb Friedrich von Bohnenberger (1765 - 1831)

Eröffnungsmusik

Das ist Calw

ISBN Paperback: 978-3-948822-00-2
ISBN Hardcover: 978-3-948822-01-9
ISBN e-Book: 978-3-948822-05-7

Die Familie Doertenbach

von

Dr. jur. Georg Doertenbach

In vorliegendem Buch ist zusammengestellt, was sich über die Mitglieder der Familie Doertenbach erhalten hat. Dies sind die Aufzeichnungen der Familien selbst, die aus früherer Zeit vorhandenen Urkunden, Akten und Kirchenbücher, wie auch der Stammbaum, der auf das Anfang des siebzehnten Jahrhunderts zurückgeht.

ISBN 978-3-948822-03-3 Paperback
ISBN 978-3-948822-04-0 Hardcover
ISBN 978-3-948822-06-4 E-Book

Die Calwer Abendgesellschaft des Dr. Zahn

Ein Schauspiel mit Musik

Protagonisten der Runde

Zahn, Johann Georg 1759 - 1831
Bruder von C. J. Zahn war Arzt und Hausherr des Gebäudes der Abendgesellschaft
Zahn, Christian Jakob 1765 - 1830
Jurist, Politiker, Komponist und Unternehmer
Boger, Johann Jakob geb. im 18. Jh.
Lebensfreund von Zahn, Christian Jakob
Uhland, Ludwig 1787 - 1862
Abgeordnete und Dichter
Vischer, Emilie Auguste 1799 - 1881
Uhlands Frau
Gärtner, Karl Friedrich 1772 - 1850
Calwer Botaniker
Doertenbach, Johann Georg 1795 - 1870
Politiker und Unternehmer
Bohnenberger, Johann Gottlieb 1765 - 1831
Astronom, Mathematiker und Physiker
Cotta, Johann Friedrich Freiherr von 1764 - 1832
Verleger, Politiker, Industriepionier
Doertenbach, Christoph Martin 1751 - 1827
Vater von Johann Georg und bedeutender Unternehmer in Calw
Kerner, Justinus Andreas Christian 1786 - 1862
Arzt und Schriftsteller

Eröffnungsmusik

ISBN Paperback: 978-3-948822-17-0
ISBN Hardcover: 978-3-948822-18-7
ISBN e-Book: 978-3-948822-19-4